essentials

Essentials liefern aktuelles Wissen in konzentrierter Form. Die Essenz dessen, worauf es als „State-of-the-Art" in der gegenwärtigen Fachdiskussion oder in der Praxis ankommt. *Essentials* informieren schnell, unkompliziert und verständlich

- als Einführung in ein aktuelles Thema aus Ihrem Fachgebiet
- als Einstieg in ein für Sie noch unbekanntes Themenfeld
- als Einblick, um zum Thema mitreden zu können

Die Bücher in elektronischer und gedruckter Form bringen das Fachwissen von Springerautor*innen kompakt zur Darstellung. Sie sind besonders für die Nutzung als eBook auf Tablet-PCs, eBook-Readern und Smartphones geeignet. *Essentials* sind Wissensbausteine aus den Wirtschafts-, Sozial- und Geisteswissenschaften, aus Technik und Naturwissenschaften sowie aus Medizin, Psychologie und Gesundheitsberufen. Von renommierten Autor*innen aller Springer-Verlagsmarken.

Carsten Weber · Natalie Meyer

Die Gestaltung von lohnsteuerbegünstigten Vergütungsbestandteilen

Als Personamanager steuerbegünstigte Vergütung nutzen und gestalten

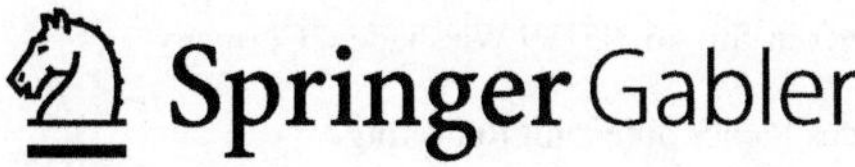

Carsten Weber
Hochschule Pforzheim
Pforzheim, Baden-Württemberg
Deutschland

Natalie Meyer
Stuttgart, Deutschland

ISSN 2197-6708   ISSN 2197-6716   (electronic)
essentials
ISBN 978-3-658-50288-1   ISBN 978-3-658-50289-8   (eBook)
https://doi.org/10.1007/978-3-658-50289-8

Die Deutsche Nationalbibliothek verzeichnet diese Publikation in der Deutschen Nationalbibliografie; detaillierte bibliografische Daten sind im Internet über https://portal.dnb.de abrufbar.

Springer Gabler ist ein Imprint der eingetragenen Gesellschaft Springer Fachmedien Wiesbaden GmbH und ist ein Teil von Springer Nature.
Die Anschrift der Gesellschaft ist: Abraham-Lincoln-Str. 46, 65189 Wiesbaden, Germany

- Grundsätzliche Überlegungen, wie Vergütung gestaltet werden sollte
- Grundlagen zur Lohnsteuer und einen Überblick über relevante lohnsteuerliche Regelungen
- Eine motivationstheoretische Betrachtung der Gestaltung lohnsteuerbegünstigter Vergütungsbestandteile (Mitarbeiterperspektive)
- Eine ökonomische Betrachtung der Gestaltung lohnsteuerbegünstigter Vergütungsbestandteile nach Kosten und Nutzen (Unternehmensperspektive)
- Ein Handlungsleitfaden für Praktiker zur Analyse, Bewertung & Entscheidung und Implementierung von lohnsteuerbegünstigten Vergütungsbestandteilen

Vorwort

Dieses *essential* ist infolge eines Lehrprojekts an der Hochschule Pforzheim im Jahr 2022 entstanden. Ausgangspunkt war die Fragestellung, ob sich die Einführung und Ausweitung von steuerbegünstigten Vergütungsbestandteilen für ein Unternehmen lohnt und falls ja, wie diese konkret ausgestaltet werden sollten. In den vorliegenden Beitrag eingeflossen sind die vielfältigen Antworten der damaligen Studierenden des 6. Fachsemesters sowie die Erkenntnisse, die Natalie Meyer im Rahmen der empirischen Forschung ihrer Bachelorthesis gewinnen konnte. Seither ist bei den Unternehmen reges Interesse an den steuerlichen Aspekten von Vergütung wahrzunehmen.

Mit diesem *essential* möchten wir Personalverantwortlichen, die sich nicht täglich mit der Gestaltung von Vergütung und lohnsteuerlichen Behandlungen auseinandersetzen, wertvolle erste Überlegungen zur Einbindung von lohnsteuerbegünstigten Vergütungsbestandteilen bieten.

Wir wünschen viel Spaß beim Lesen!

Wir danken dem Unternehmen für den Impuls zu diesem Lehrprojekt und den damaligen Studierenden für ihre Ideen. Zudem wollen wir uns bei Julia Dahlinger bedanken, die uns tatkräftig bei der formalen Aufbereitung des Beitrags unterstützt hat und bei den Lektorinnen des Springer Verlags für die sehr gute Betreuung während der Erstellung des Manuskripts.

Carsten Weber
Natalie Meyer

Zusammenfassung

Vergütung unterliegt grundsätzlich als Arbeitslohn der Lohnsteuerpflicht. Steuerliche Abgaben wollen Mitarbeiter möglichst vermeiden. So ist das gezielte Angebot von lohnsteuerbegünstigten Vergütungsbestandteilen bei entsprechender Gestaltung eine Möglichkeit, vor allem Arbeitgeberattraktivität und Mitarbeiterbindung zu erhöhen. Während Steuerbegünstigungen an sich i. d. R. von Mitarbeitern als attraktiv wahrgenommen werden, kann sich die Attraktivität der zugrunde liegenden Sachleistungen, Versorgungszusagen und zweckgebundenen Geldleistungen für die Mitarbeiter deutlich unterscheiden. Die motivierende Wirkung von lohnsteuerbegünstigten Vergütungsbestandteilen hängt daneben noch von weiteren Faktoren ab, wie den subjektiven Erwartungen und Gerechtigkeitswahrnehmungen der Mitarbeiter. Die Einführung führt i. d. R. zu Mehrkosten, die teilweise wegen hoher Struktur- und Systemkosten erheblich sein können, verspricht aber einen vielfältigen Nutzen. Die Bewertung von Kosten und Nutzen muss in Anbetracht von Personalpolitik und -strategie des einzelnen Unternehmens erfolgen.

Inhaltsverzeichnis

Einleitung 1

In Anbetracht des aktuellen Fachkräftemangels suchen Unternehmen zunehmend nach Möglichkeiten ihre Arbeitgeberattraktivität zu erhöhen und die Mitarbeiterbindung zu stärken. Eine Möglichkeit stellt das Angebot von freiwilligen Zusatzleistungen, sog. „Mitarbeiter-Benefits", dar, die eine Steuerbegünstigung erfahren. Lohnsteuerbegünstigungen umfassen Lohnsteuerbefreiungen, Lohnsteuerpauschalierungen und Reduzierungen der relevanten Bewertungsgrundlagen. Solche steuerbegünstigten Mitarbeiter-Benefits werden aktuell unter dem Schlagwort „Nettoentgeltoptimierung" umfangreich von Beratungsunternehmen und darauf spezialisierten HR Dienstleistern beworben. Gerade in einer angespannten Wirtschaftslage, wie wir sie aktuell erleben, können diese unter Umständen bei überschaubaren Kosten einen großen Mehrwert für Mitarbeiter und Unternehmen liefern. Damit stehen Personalmanager vor der Frage, ob sich ein solches Angebot lohnt und wie dieses gestaltet werden sollte. Genau diesen Fragen widmet sich dieser Beitrag.

Vergütung und deren Gestaltung 2

> In diesem Kapitel geht es um die Grundlagen zur Vergütung: was Vergütung bedeutet, welche Rolle sie innerhalb des Personalmanagements einnimmt und wie sie strategisch zu gestalten ist.

2.1 Unser Verständnis von Vergütung

Vergütung ist Gegenleistung für erbrachte Arbeit Widmen wir uns zunächst dem Gegenstand dieser Publikation, der Vergütung. Synonym werden Begriffe wie „Entlohnung", „Arbeitsentgelt" oder „Entgelt" verwendet, im Englischen „Compensation", „Rewards", „Remuneration". Diese Begriffe betonen den Charakter von Vergütung als Gegenleistung. Auch im deutschen Recht (§ 611, § 611a BGB 2025) ist Vergütung als Gegenleistung für erbrachte Arbeit verankert. Wissenschaft und Praxis verstehen darunter die Gegenleistung, die Arbeitnehmer für ihre Arbeit erhalten. Diese dient der Bedürfnisbefriedigung und Sicherung der materiellen Existenzgrundlage (Berthel und Becker 2025; Gerhart et al. 2022).

Vergütung kann aus unterschiedlichen Vergütungsbestandteilen bestehen Wir betrachten differenziert, welche Gegenleistungen Vergütung umfasst, orientiert an internationalen Definitionen (z. B. Gerhart et al. 2022). Neben einem festen Grundgehalt (Base Pay) bieten viele Unternehmen variable, leistungsabhängige Bestandteile wie Zulagen, Prämien, Boni (Variable Pay) an. Zusammen bilden diese die Barvergütung (Cash Compensation). Darüber hinaus bieten

© Der/die Autor(en), exklusiv lizenziert an Springer Fachmedien Wiesbaden GmbH, ein Teil von Springer Nature 2025
C. Weber und N. Meyer, *Die Gestaltung von lohnsteuerbegünstigten Vergütungsbestandteilen,* essentials, https://doi.org/10.1007/978-3-658-50289-8_2

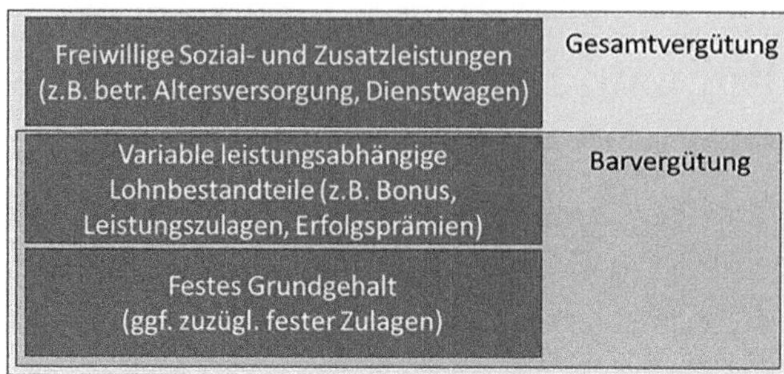

Abb. 2.1 Vergütungsbestandteile. (Eigene Darstellung)

Firmen freiwillige Sozial- und Zusatzleistungen (Benefits), etwa betriebliche Altersversorgung (bAV), Firmenwagen oder einen Kinderbetreuungszuschuss. Barvergütung plus Benefits ergibt die Gesamtvergütung (Total Compensation), die den materiellen Bestandteilen von Vergütung entspricht Abb. 2.1. In der Praxis haben internationale HR-Dienstleister wie Korn Ferry, Mercer oder Willis Towers Watson eigene, aber vergleichbare Nomenklaturen.

Das Angebot von freiwilligen Sozial- und Zusatzleistungen kann sehr vielfältig sein Zusätzliche freiwillige Sozial- und Zusatzleistungen sind vielfältig, wie Abb. 2.2 zeigt. Sie können Geld- oder Sachleistungen sein. bAV und betriebliche Krankenversicherung sind Sonderfälle: Sie gewähren Ansprüche auf künftige Geldleistungen – sogenannte Versorgungszusagen. Die Differenzierung nach Geld- oder Sachleistung ist für spätere lohnsteuerliche Betrachtungen relevant.

Freiwillige Sozial- und Zusatzleistungen können im Rahmen eines flexiblen Budgets in einem sog. Cafeteria-System angeboten werden Die Grundidee des Cafeteria-Ansatzes: Mitarbeiter wählen innerhalb eines Budgets zwischen Vergütungsbestandteilen. So entsteht ein individuelles, an ihren Bedürfnissen, Motiven und Zielsetzungen ausgerichtetes „Menü" (Wagner 2004). Unternehmen legen Budget, optionale Bestandteile sowie Wahlmöglichkeiten und -turnus fest. Jedoch eignen sich nur individuell zuordenbare Leistungen für Cafeteria-Systeme (Berthel und Becker 2025).

	Als Sachleistung/ Versorgungszusage	Als Geldleistung (Zuschuss)
Sozialleistungen		
Altersversorgung	X Gewährung einer betriebliche Versorgungszusage	X Zuschuss zu privater Rentenversicherung
Krankenversicherung	X Gewährung einer betriebliche Versorgungszusage	X Zuschuss zu privater (Zusatz-) Krankenversicherung
Vermögensbeteiligung/ Belegschaftsaktien	X Gewährung einer Beteiligung am eigenen Unternehmen	X Zuschuss in Form von vermögenswirksamen Leistungen
Weihnachtsgeld/ 13. Monatsgehalt		X
Urlaubsgeld		X
Kinderbetreuung/ sonstige soziale Fürsorge	X Gewährung als Dienstleistung	X Zuschuss zu Betreuungsdienstleistungen
Gesundheitsförderung/ Werksärztlicher Dienst/ Arbeitssicherheit	X Gewährung als Dienstleistung	X Zuschuss zu Gesundheitsdienstleistungen
Erholungsbeihilfen		X
(Private) Weiterbildung		X Zuschuss zu privaten Weiterbildungsmaßnahmen
Verpflegung und Mahlzeiten	X Ausgabe Kantinenmahlzeiten	X Essenmarken oder Zuschüsse zu Mahlzeiten
Dienstwohnung	X Überlassung zur privaten Nutzung	
Mobilitätsleistungen		
(E-)Firmenwagen	X Überlassung zur privaten Nutzung	X Zuschuss zu Leasingraten
Dienstrad	X Überlassung zur privaten Nutzung	X Zuschuss zu Leasingraten
Jobticket	X Gewährung der Mobilitätsdienstleistung	X Zuschuss zu Abonnementraten
Sonstige Sachleistungen		
Waren und Dienstleistungen aus eigenem Sortiment	X Übereignung der Sache	X Warengutscheine
Geringfügige Sachleistungen/ Geschenke	X Übereignung der Sache	X Gutschein
Datenverarbeitungsgeräte (Telefon & PC)	X Überlassung zur privaten Nutzung	

Abb. 2.2 Übersicht vielfältiger freiwilliger Sozial- und Zusatzleistungen. (Eigene Darstellung)

2.2 Die Rolle von Vergütung im Personalmanagement

Im Rahmen des Personalmanagements von Unternehmen spielt Vergütung in zweierlei Hinsicht eine besondere Rolle: als Anreiz für Mitarbeiter und als Kosten.

Vergütung ist ein Anreiz für Mitarbeiter Vergütung kann Verhalten von Arbeitnehmern beeinflussen und damit Ertrag und Kosten des Unternehmens. Sie stellt einen Anreiz im Sinne eines Stimulus dar, bestimmtes Verhalten zu zeigen oder zu unterlassen. Unterschieden werden Eintritts-, Bleibe- und Leistungsanreize für ein spezifisches Arbeitsverhalten (Berthel und Becker 2025). Gerade variable, leistungsbezogene Vergütungsbestandteile sollen das spezifische Arbeitsverhalten honorieren und Leistungsbereitschaft fördern (Steiner und Landes 2017). Das spezifische Arbeitsverhalten kann sich dabei auch auf Weiterbildung (Qualifikationsanreiz) oder die Übernahme anspruchsvoller Positionen (Beförderungsanreiz) beziehen.

Vergütungssysteme sind Teil eines betrieblichen Anreizsystems und damit ein Instrument zur Verhaltenssteuerung Betriebliche Anreizsysteme umfassen bewusst gestaltete Stimuli, die erwünschtes Verhalten fördern und unerwünschtes mindern (Berthel und Becker 2025). Vergütungssysteme bilden den materiellen Teil dieser Systeme und enthalten wiederum Subsysteme, die sich auf Grundgehalt, Boni oder bAV beziehen. Sie sind Führungsinstrumente und dienen als solche der Erreichung der Unternehmensziele (Berthel und Becker 2025). In Anbetracht bestehender Motivationsproblemen wie Adverse Selektion, Moral Hazard und Hold-up (Steiner und Landes 2017; Jensen und Meckling 1976) motivieren sie Mitarbeiter auch in Situationen asymmetrischer Information, in denen die Mitarbeiter zu opportunistischem Handeln neigen, zu einem Handeln, das auf die Unternehmensziele gerichtet ist. Aus Arbeitgebersicht erfüllen sie primär eine Motivations- und Steuerungsfunktion (Berthel und Becker 2025).

Anreiz- und Vergütungssysteme verbinden organisationale Ziele mit persönlichen Zielen Um erwünschtes Verhalten zielgerichtet motivieren und steuern zu können, müssen Anreizsysteme auf die Motive, Bedürfnisse und persönlichen Ziele der Mitarbeiter abgestimmt sein. Zielkonformes Verhalten wird dann durch Bedürfnisbefriedigung belohnt. Abb. 2.3 verdeutlicht den Zusammenhang zwischen Bemessungsgrundlage und Anreizart eines Anreiz- und Vergütungssystems: Die Bemessungsgrundlage spiegelt das erwünschte Verhalten wider, das sich aus den Unternehmenszielen ergibt und belohnt werden soll, die Anreizart adressiert die persönlichen Ziele des Mitarbeiters. Die Enge der Zusammenhänge von Unternehmenszielen und Bemessungsgrundlage einerseits und von persönlichen Zielen des Mitarbeiters und Anreizart andererseits bestimmen maßgeblich deren Effektivität, gemessen an den Interessen von Unternehmen bzw. Mitarbeitern (Kossbiel 1994).

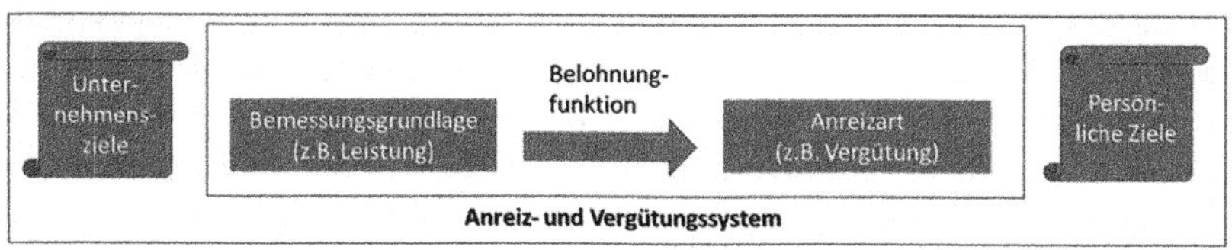

Abb. 2.3 Schematische Darstellung eines Anreiz- und Vergütungssystems. (Eigene Darstellung angelehnt an Kossbiel 1994)

Über die Bemessungsgrundlage erfolgt eine systematische Differenzierung der Anreizart Bemessungsgrundlagen können Anforderungs-, Leistungs-, Qualifikations- oder Potenzialorientierung sein. Die Wahl der Bemessungsgrundlage erfolgt strategisch im Kontext der Unternehmensziele. Je nach deren Wahl wird ein bestimmtes Verhalten, das den Unternehmenszielen dienlich ist, gefördert, etwa ein spezifisches Arbeitsverhalten, wie die Zielerfüllung bei Leistungsorientierung. Mitarbeiter sehen daneben auch soziale Merkmale, etwa Familienstand, als relevant an (Berthel und Becker 2025). Anhand der Bemessungsgrundlage wird die Anreizart systematisch differenziert. Die Belohnungsfunktion ordnet Ausprägungen von Bemessungsgrundlagen entsprechende Ausprägungen der Anreizart zu. Sie bestimmt den Grad der Differenzierung.

In der Praxis basieren Vergütungssysteme meist auf mehreren Bemessungsgrundlagen. So beruht z. B. die Grundgehaltsmehrung typischerweise auf sowohl einer Erfüllung der Anforderungen als auch auf gezeigter Leistung.

> Unter Effektivitätsaspekten wollen Unternehmen die Anreizwirkungen ihrer Vergütungssysteme maximieren. Dazu müssen die Bemessungsgrundlagen möglichst eng mit den Unternehmenszielen und die Anreizart möglichst eng mit den persönlichen Zielen der Mitarbeiter verbunden sein.

Vergütung ist auch ein maßgeblicher Personalkostenblock Vergütung prägt maßgeblich die Personalkosten und damit die Gesamtkosten des Unternehmens. Die Personalkosten gliedern sich in direkte Kosten (z. B. Grundgehalt, Zuschläge), die einer Arbeitsleistung direkt zugeordnet werden können und indirekte Kosten. Diese wiederum enthalten zum einen die Personalzusatz- oder -nebenkosten, wie freiwillige Sozialleistungen, die i. d. R. nicht regelmäßig anfallen und verteilt werden müssen, und gesetzliche Sozialversicherungsbeiträge sowie zum anderen die relevanten Struktur- oder Systemkosten (Berthel und Becker 2025). Diese entstehen dadurch, dass Vergütungssysteme implementiert und laufend administriert werden müssen, z. B., weil die Bemessungsgrundlagen im Rahmen der Arbeits- oder Leistungsbewertung festgestellt werden müssen und Vergütung im Rahmen der Entgeltabrechnung ausgezahlt werden muss.

▶ Unter Wirtschaftlichkeitsaspekten wollen Unternehmen ihre Personalkosten – direkten und indirekte Kosten – minimieren.

Aus Effektivität und Wirtschaftlichkeit ergibt sich für Unternehmen als generelles Oberziel von Vergütungssystemen deren Effizienz Zusammenfassend ist das generelle Oberziel von Vergütungssystemen deren wirtschaftliche Effizienz, verstanden als Verhältnis des (Netto-)Nutzens der erzielten Anreizwirkungen zu den Kosten, die durch die Anwendung des Vergütungssystems entstehen. Anreizwirkungen sind die Ergebnisse des durch den Anreiz motivierten Verhaltens, bestenfalls also die Ergebnisse eines erwünschten Verhaltens. Ein Vergütungssystem gilt als effizient, wenn der (Netto-)Nutzen der erzielten Anreizwirkungen größer ist als die Kosten, die durch die Anwendung des Vergütungssystems entstehen. Effizienz wird damit als Vorteilhaftigkeit definiert (Kossbiel 1994). Kossbiel (1994) hat diese Effizienzbeurteilung in einem eigenen Modell dargestellt, das ökonomische mit verhaltenswissenschaftlichen Aspekten verbindet. Abb. 2.4 illustriert dieses Modell vereinfacht, ohne die verhaltenswissenschaftlichen Komponenten explizit darzustellen.

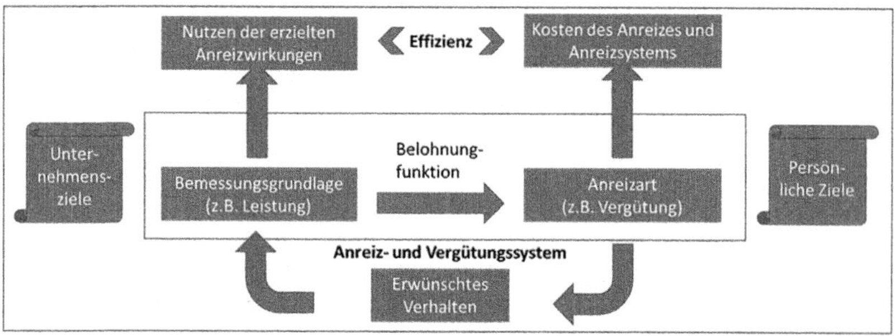

Abb. 2.4 Modell zur Effizienzbeurteilung von Anreizsystemen. (Eigene Darstellung in Anlehnung an Kossbiel 1994)

Es wird deutlich: Die Gestaltung von Anreiz- und Vergütungssystemen beeinflusst deren Effizienz direkt. Durch die Wahl der Bemessungsgrundlage und der Anreizart wird ein bestimmtes erwünschtes Verhalten gefördert, das sich in einem Nutzen für das Unternehmen niederschlägt. Die Kosten hierfür liegen in den direkten und indirekten Kosten für Gewährung der Anreize selbst sowie den indirekten Struktur- oder Systemkosten. Neben diesem generellen Oberziel können weitere Oberziele, die sich z. B. aus der Personalpolitik ableiten, für die Gestaltung von Vergütungssystemen relevant sein (siehe Abschn. 2.3).

▶ Unternehmen streben danach, Anreiz- und Vergütungssysteme effizient zu gestalten und diese Vorteilhaftigkeit möglichst zu maximieren.

Vergütungssysteme haben damit eine bedeutende Rolle in der Unternehmensführung zur Steuerung des Mitarbeiterverhaltens. Deshalb muss deren Gestaltung im Kontext der gesamten strategischen Unternehmensführung erfolgen, der wir uns im folgenden Kapitel kurz widmen wollen.

2.3 Die strategische Gestaltung von Vergütungssystemen

Integration und Adaption sind wichtige Prinzipien der strategischen Unternehmensführung Unternehmen sind aus systemtheoretischer Sicht komplexe, dynamische soziale Systeme, bestehend aus Subsystemen wie Personalführung und Personalmanagement. Auch Vergütungssysteme sind ein Subsystem innerhalb des Subsystems Personalmanagement, deren Aufgabe die Koordination und Motivation von Mitarbeitern ist. Die Subsysteme stehen in Wechselwirkung zueinander und mit der Unternehmensumwelt (Stoi und Dillerup 2022). Deshalb ist deren Integration innerhalb integrierter Führungsansätze, wie z. B. dem St. Galler-Management Modell, weit verbreitet (Stoi und Dillerup 2022; Abegglen und Bleicher 2021). Typischerweise werden dort Führungsebenen (normativ, strategisch, operativ) und Führungsfunktionen unterschieden, wobei Personalführung und Personalmanagement eine explizite Führungsfunktion darstellen. Die Integration einzelner Personalmanagementinstrumente in die normative Unternehmens- und Personalpolitik einerseits und die Unternehmens- und Personalstrategie andererseits wird als vertikale Integration bezeichnet, die Abstimmung mit flankierenden Führungsfunktionen und Personalinstrumenten als horizontale Integration. Im Rahmen eines integrierten Führungsansatzes sind Anreiz- und Vergütungssysteme aus Unternehmenspolitik und -strategie abgeleitet, auf flankierende Systeme abgestimmt und an Veränderungen der Umwelt angepasst (Stoi und Dillerup 2022). Abb. 2.5 illustriert diese strategische Einordnung.

Die vertikale Integration von Vergütungssystemen bezieht sich auf die Personalpolitik und -strategie Bei der vertikalen Integration des Vergütungssystems ist zu berücksichtigen, welche normativen Entscheidungen das Unternehmen im Rahmen seiner Personalpolitik getroffen hat und wie diese integriert werden können („Value Fit"). Relevante normative Haltungen spiegeln Unternehmenswerte, Unternehmensinteressen und die Unternehmenskultur wider (Stoi und Dillerup 2022); Entgeltgerechtigkeit kann z. B. Teil einer Unternehmensethik sein (Steinmann und Löhr 1992). Ebenso relevant ist, mit welcher Strategie das Unternehmen Wettbewerbsvorteile erzielen will und welche Rolle den Mitarbeitenden dabei zukommt (Martocchio 2017). Auf Basis von Personalpolitik und Wettbewerbsstrategie entstehen Personalstrategien, die Anforderungen an Mitarbeitende definieren und Gestaltungsempfehlungen für Personalinstrumente enthalten. Je nach Personalstrategie können Bleibe- und Leistungsanreize unterschiedliche Rollen spielen (Gmür und Thommen 2019). Haben diese eine hohe Bedeutung, steht die Effektivität des Anreizsystems im Vordergrund, kommen hingegen Kosten in der Personalstrategie eine höhere Bedeutung zu, steht die Wirtschaftlichkeit der Anreizsysteme im Vordergrund. Personalstrategien können zudem nach strategischer Relevanz für Mitarbeitersegmente differenziert sein (Lebrenz 2020).

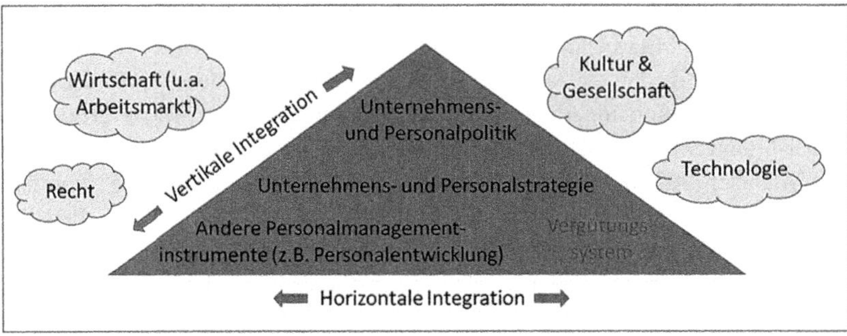

Abb. 2.5 Vertikale und horizontale Integration innerhalb der Unternehmensführung. (Eigene Darstellung)

Die horizontale Integration von Vergütungssystemen bezieht sich auf die flankierenden (Personal-) Managementinstrumente Hierbei geht es vor allem um Wechselwirkungen zwischen den Personalinstrumenten. HR-Architekturen dienen der Koordination und Auswahl geeigneter Instrumente und bieten Leitlinien (Lebrenz 2020). Beispiele für solche HR-Architekturen sind der Markt-Ansatz, der Mitarbeiter als notwendige aber strategisch nicht relevante Ressource versteht und entsprechend auf flexible Personalbeschaffung und -freisetzung ausgerichtet ist, ohne starke Bleibe-Anreize. Dem gegenüber steht der Investment-Ansatz, der Mitarbeiter als die für den Wettbewerbsvorteil strategisch relevante Ressource betrachtet und entsprechend ihre Fähigkeiten entwickelt und langfristige Bindung fördert (Lebrenz 2020). Die HR-Architektur kann – analog der Personalstrategie – nach Mitarbeitersegmenten differenziert werden (Lebrenz 2020).

Der Nutzen der erzielten Anreizwirkungen hängt vom Grad der vertikalen und horizontalen Integration des Vergütungssystems ab Der Nutzen möglicher Anreizwirkungen, wie z. B. eine hohe Mitarbeiterbindung, ist nur im Kontext der strategischen Ausrichtung des Personalmanagements zu beurteilen. Je besser das Vergütungssystem vertikal in die Personalstrategie und -politik sowie horizontal mit den anderen Personalmanagementinstrumenten integriert ist, desto höher ist der Nutzen, den es stiften kann. So haben starke Bindungswirkungen, die zu geringer (freiwilliger) Fluktuation führen, nur dann einen hohen Nutzen für das Unternehmen, wenn sie integraler Bestandteil der Personalstrategie sind.

▶   Vergütungssystemen sollten sowohl mit der Personalpolitik und -strategie (vertikale Integration) als auch mit den flankierenden (Personal-)Managementinstrumenten (horizontale Integration) abgestimmt sein.

(Lohn-)Steuerregelungen sind Teil der Unternehmensumwelt und erfordern eine kontextuelle Anpassung Bei der Anpassung von Vergütungssystemen an die Unternehmensumwelt sind vielfältige Aspekte zu berücksichtigen, die teils alle Unternehmen betreffen (globale Umweltfaktoren), etwa gesellschaftliche und kulturelle Normen, die demographische Entwicklung und der technologische Fortschritt aber auch regulatorische Rahmenbedingungen. Zu den für Vergütungssystemen relevanten regulatorischen Rahmenbedingungen zählen neben den vielen Arbeits- und Arbeitsschutzgesetzen, wie Mindestlohngesetz (MiLoG) oder Teilzeit- und Befristungsgesetz (TzBfG), auch die Lohnsteuergesetze und -verordnungen. Diese bestimmen die steuerliche Behandlung von Lohn und beeinflussen damit die Attraktivität von einzelnen Vergütungsbestandteilen vor allem aus Sicht der Arbeitnehmer. Lohnsteuerliche Regelungen beziehen sich i. d. R. auf ein bestimmtes Land.

Auch der Wettbewerb auf dem relevanten Arbeitsmarkt erfordert eine kontextuelle Anpassung für Vergütungssysteme Zur Unternehmensumwelt zählt auch der Wettbewerb um qualifizierte Arbeitnehmer. Barvergütung ist für Mitarbeiter eine der bedeutendsten Merkmale einer Stelle (Newman et al. 2025). Für Mitarbeiter relevant ist im Vergleich zu Wettbewerbern einerseits, wie hoch die Vergütung liegt, andererseits in welchen Bestandteilen diese gewährt wird. Beides beeinflusst Arbeitgeberattraktivität und Mitarbeiterbindung. Wenn Mitarbeiter ihre Vergütung als nicht wettbewerbsfähig wahrnehmen, steigt ihre Wechselbereitschaft und Unzufriedenheit und sinkt damit ihre Arbeitsmotivation. Abhängig von der gewählten Personalpolitik und Personalstrategie wollen sie sich ggf. positiv von den Wettbewerbern abheben (Differenzierung) oder angleichen. Vergütungsstudien erfassen systematisch Marktdaten, wodurch Unternehmen ihre Vergütungshöhe und -zusammensetzung marktgerecht gestalten können. Da die Wettbewerber innerhalb der gleichen regulatorischen Rahmenbedingungen, wie die nationalen Lohnsteuerregelungen, agieren, werden sie sich diesen auch in irgendeiner Art und Weise anpassen. Spezifische Vergütungsstudien z. B. zur Gestaltung von steuerbegünstigten Vergütungsbestandteilen, können entsprechende Marktdaten erfassen.

▶ Vergütungssysteme sollten auf relevante Umweltkontexte, u. a. regulatorische Rahmenbedingungen, wie Lohnsteuerregelungen, und die Vergütung der Wettbewerber angepasst sein.

2.4 Relevante Fragestellungen für die Gestaltung von lohnsteuerbegünstigten Vergütungsbestandteilen

Nun wollen wir – basierend auf den Grundlagen – relevante Fragestellungen identifizieren, die bei der Gestaltung steuerbegünstigter Vergütungsbestandteile zu beachten sind und die in den folgenden Kapiteln systematisch beantwortet werden.

Zunächst die **Perspektive der Mitarbeiter,** deren Verhalten durch die Gewährung gelenkt werden soll:

- Inwieweit kann die Gewährung von lohnsteuerbegünstigten Vergütungsbestandteilen einen Anreiz für Mitarbeiter konstituieren oder verstärken?
- Wie kann sich ein solcher Anreiz auf die Motivation und das Handeln der Mitarbeiter auswirken?

In Kap. 4 werden wir diese motivierende Wirkung näher betrachten, auch unter Berücksichtigung von Gerechtigkeitsaspekten.

Weiter mit der **Unternehmensperspektive,** die sowohl eine Effizienzbetrachtung als auch Bezüge zur Personalpolitik umfasst:

- Welche Kosten können durch die Gewährung lohnsteuerbegünstigter Vergütungsbestandteile entstehen?
- Welchen Nutzen kann die Gewährung lohnsteuerbegünstigter Vergütungsbestandteile über ihre Anreizwirkungen stiften?
- Inwiefern können normative Haltungen des Unternehmens die Gewährung lohnsteuerbegünstigter Vergütungsbestandteile beeinflussen?

In Kap. 5 werden wir Nutzen und Kosten von Vergütungssystemen, die steuerbegünstigte Bestanteile gewähren, betrachten – auch strategisch. Anschließend werden wir gezielt Bezüge zur Personalpolitik herstellen.

Nachdem wir bisher (lohn-)steuerrechtliche Regelungen lediglich als eine kontextuelle Bedingung für Vergütungssysteme kennengelernt haben, wollen wir diese im nächsten Kapitel näher beleuchten.

Lohnsteuerliche Grundlagen

3

> In diesem Kapitel geht es zunächst um die Lohnsteuer in Deutschland: was Lohnsteuer ist und welchen Zweck sie erfüllt. Daneben geht es um Lohnsteuerbegünstigungen: welche konkreten Lohnsteuerbegünstigungen es gibt und welche Bedingungen ggf. dafür gelten.

3.1 Lohn- und Einkommenssteuer in Deutschland

Steuer, Einkommenssteuer und Lohnsteuer sind verpflichtende Abgaben des Einzelnen zur staatlichen Gemeinschaft, die detailliert gesetzlich geregelt sind Steuern sind finanzielle Beiträge des Einzelnen zur staatlichen Gemeinschaft (Birk et al. 2024). In Deutschland werden sie im Steuerrecht, einem speziellen Teil des öffentlichen Rechts, begründet. Steuern sind Geldleistungen, die ein öffentlich-rechtliches Gemeinwesen kraft Zwangsgewalt in einseitig festgesetzter Höhe und ohne Gegenleistung von natürlichen und juristischen Personen erhebt, bei denen der Tatbestand zutrifft, an den das Gesetz die Leistungspflicht knüpft (§ 3 AO 1977; Stobbe 2024). Über die fehlende Gegenleistung unterscheiden sie sich von Gebühren und Beiträgen.

Die Einkommensteuer ist eine Abgabe auf das Einkommen natürlicher Personen, deren Höhe sich am Leistungsfähigkeitsprinzip orientiert (Stobbe 2024). Dieses Prinzip spiegelt sich im progressiven Tarifaufbau mit steigenden Tarifsätzen wider. Die Einkommensteuer ist im Einkommensteuergesetz (EStG) geregelt.

Arbeitnehmer sind verpflichtet, ihren Arbeitslohn als Einkunft aus nichtselbständiger Arbeit zu versteuern (§ 19 EStG 2025). Diese spezielle Form der Ein-

© Der/die Autor(en), exklusiv lizenziert an Springer Fachmedien Wiesbaden GmbH, ein Teil von Springer Nature 2025
C. Weber und N. Meyer, *Die Gestaltung von lohnsteuerbegünstigten Vergütungsbestandteilen,* essentials,
https://doi.org/10.1007/978-3-658-50289-8_3

kommensteuer wird als Lohnsteuer bezeichnet (Brucker und Dörflinger 2022). Die Lohnsteuer wird als Quellensteuer vom Arbeitgeber direkt einbehalten und an das Finanzamt abgeführt. Sie hat den Charakter einer Einkommensteuervorauszahlung und wird im Rahmen der Einkommensteuererklärung des Arbeitnehmers angerechnet (Ausnahme: Pauschalversteuerung).

Die Regelungen im EStG werden durch Verordnungen wie die Lohnsteuerdurchführungsverordnung (LStDV) und Verwaltungsanweisungen ergänzt, zu denen Steuerrichtlinien, BMF-Schreiben und Erlasse zählen, die in Steuerhandbüchern wie den Lohnsteuerhinweisen (LStH) zusammengefasst sind (Stobbe 2024).

Das deutsche Steuerrecht unterscheidet eine persönliche und sachliche Lohnsteuerpflicht Arbeitnehmer sind als natürliche Personen grundsätzlich persönlich steuerpflichtig. Unbeschränkt steuerpflichtig sind Arbeitnehmer mit Wohnsitz oder gewöhnlichem Aufenthaltsort im deutschen Inland (§ 1 EStG 2025). Daneben besteht eine beschränkte und fiktive unbeschränkte Steuerpflicht (siehe dazu Stobbe 2024).

Grundsätzlich unterliegen Einkünfte aus nichtselbständiger Arbeit der Lohnsteuer und sind damit sachlich steuerpflichtig (§ 38 Abs. 1 Satz 1 EStG 2025). Sie werden als Arbeitslohn bezeichnet (§ 2 Abs. 1 LStDV 2025) und umfassen alle Güter, die dem Arbeitnehmer in Geld oder Geldeswert zufließen (§ 8 Abs. 1 Satz 1 EStG 2025), also auch Sachbezüge als Gegenleistung für die zur Verfügung gestellte Arbeitskraft (§ 8 Abs. 2 Satz 1 EStG 2025). Dabei ist unerheblich, ob es sich um einmalige oder laufende Bezüge handelt (§ 19 Abs. 1 Satz 2 EStG 2025). Leistungen des Arbeitgebers, die nicht im Austausch für die persönliche Arbeitskraft erfolgen, sind nicht als Arbeitslohn zu erfassen und gelten als nichtsteuerbare Zuwendungen (H 19.3 LStH 2025). Daneben sind bestimmte Sachverhalte explizit von der (sachlichen) Lohnsteuerpflicht befreit (siehe Abschn. 3.3).

Grundsätzlich berechnet sich die Lohnsteuer aus Steuerbemessungsgrundlage und Steuersatz Die Höhe der Lohnsteuer ergibt sich aus der Lohnsteuerbemessungsgrundlage und dem Lohnsteuersatz. Die Bemessungsgrundlage ist der Arbeitslohn, bei dessen Bewertung zwischen Barlohn und Sachbezug unterschieden wird. Sachbezüge mit geldwertem Vorteil unterliegen verschiedenen Bewertungsmaßstäben (§ 8 Abs. 2–4 EStG 2025). Es ist der Wert anzusetzen, den der Arbeitnehmer aufwenden müsste, um sich die Sache selbst zu beschaffen – über amtliche Sachbezugswerte oder den günstigsten Marktpreis (Hausen 2025). Für die Nutzung von Firmenwagen oder Dienstrad gelten spezifische Bewertungsregelungen. Die Abgrenzung zwischen Barlohn und Sachbezug kann im

Einzelfall kompliziert sein, beispielsweise bei Gutscheinen (siehe dazu Hausen 2025; Bundesministerium der Finanzen 2022). Daneben gelten für bestimmte Sachverhalte explizit reduzierte Bemessungsgrundlagen (siehe Abschn. 3.3).

Der Lohnsteuersatz wird bei individueller Besteuerung aus den individuellen Lohnsteuerabzugsmerkmalen des Arbeitnehmers ermittelt, vor allem der Lohnsteuerklasse, die vom Arbeitnehmer in Abstimmung mit den Steuerbehörden festgelegt wird. Für die Lohnsteuerklassenfestlegung ist hauptsächlich der Familienstand relevant. Durch Lohnsteuertabellen wird unter Berücksichtigung von individueller Lohnsteuerklasse und allgemeinen Freibeträgen wie Grundfreibetrag, Arbeitnehmerpauschbetrag und Vorsorgepauschale die Lohnsteuer direkt berechnet. Alternativ zur individuellen Besteuerung bietet sich dem Arbeitgeber für bestimmte Sachverhalte die Möglichkeit der Pauschalversteuerung (§§ 37a, 37b, 40, 40a und 40b EStG 2025; Hausen 2025). Dabei wird die Lohnsteuer als Kopfsteuer nicht individuell, sondern pauschal anhand vereinfachter Berechnungsgrundlagen berechnet. Bei Pauschalversteuerung mit festen Pauschalsteuersätzen sind die entsprechenden Steuersätze im Gesetz explizit genannt. Daneben besteht die Möglichkeit der Pauschalversteuerung in besonderen Fällen für spezielle Sachverhalte, die einer staatlichen Genehmigung bedarf.

Sozialversicherungsbeiträge und Lohnsteuer hängen eng zusammen Eng mit der Lohnsteuer verbunden sind die Sozialversicherungsbeiträge. Zur Sozialversicherungspflicht bestehen eigene Rechtsgrundlagen, wie die entsprechenden Sozialgesetzbücher (SGB) und die Sozialversicherungsentgeltverordnung (SvEV). Grundsätzlich sind Arbeitnehmer auch sozialversicherungspflichtig mit Besonderheiten zu den einzelnen Versicherungszweigen (§ 2 SGB IV 2025). Mit Ausnahmen bildet das Arbeitsentgelt die Bemessungsgrundlage für die Sozialversicherungsbeiträge, das weitgehend dem lohnsteuerpflichtigen Arbeitslohn entspricht (siehe dazu SuEV und LDfV). Die meisten lohnsteuerfreien und pauschalversteuerten Arbeitslohnbestandteile gelten nicht als Arbeitsentgelt (Hausen 2025). Die Sozialversicherungsbeiträge werden teilweise hälftig von Arbeitnehmer und Arbeitgeber getragen (Renten- sowie Kranken- und Pflegeversicherung), teilweise komplett vom Arbeitgeber (Arbeitslosenversicherung). Für die Sozialbersicherungsbeiträge gelten Beitragsbemessungsgrenzen.

Kirchensteuer und Solidaritätszuschlag basieren auf der Lohnsteuer Daneben sind auch Kirchensteuer und Solidaritätszuschlag eng mit der Lohnsteuer verknüpft, da beide die Lohnsteuer als Bemessungsgrundlage verwenden. Die Kirchensteuerpflicht ist an eine Mitgliedschaft des Arbeitnehmers in einer als Körperschaft des öffentlichen Rechts anerkannten Religionsgemeinschaft geknüpft. Die Pflicht zur Abgabe des Solidaritätszuschlags basiert auf der Einkommenssteuerpflicht und ist für jeden lohnsteuerpflichtigen Arbeitnehmer vom Arbeitgeber einzubehalten und abzuführen (§ 2 SolZG 1995). Der Solidaritätszuschlag ist aktuell mit einer relativ hohen Freigrenze verbunden (§ 3 SolZG 1995).

Kirchensteuer und Solidaritätszuschlag wollen wir in diesem Beitrag vernachlässigen.

3.2   Funktionen und Wirkungen von Lohn- und Einkommensteuern

Lohn- und Einkommensteuer erfüllen aus Sicht des Staates vor allem ein fiskalpolitisches Ziel, teilweise aber auch sozial- und wirtschaftspolitische Ziele Steuern werden vom Staat genutzt, um verschiedene Leistungen im Interesse der Gemeinschaft zu finanzieren (Bundesministerium der Finanzen 2022; Birk et al. 2024). Sie stellen vornehmlich eine bedeutende Einnahmequelle des Staates dar, um öffentliche Ausgaben zu finanzieren (fiskalpolitisches Ziel). Daneben ermöglichen steuerliche Regelungen eine Redistribution von Einkommen durch staatliche Sozial- und Subventionsprogramme (verteilungs- und sozialpolitisches Ziel) (Stobbe 2024). Weiter ermöglichen steuerliche Regelungen eine wirtschaftliche Lenkung (wirtschafts- und finanzpolitisches Ziel) (Stobbe 2024). Beispielhaft ist die Einkommenssteuerbegünstigung von E-Autos durch herabgesetzte Bemessungsgrundlagen zu nennen, bei der die Nutzung von E-Autos als Firmenwagen (sog. E-Firmenwagen) gefördert wird.

Der Staat nimmt dabei durch geeignete Vorschriften Einfluss auf das Verhalten der Steuersubjekte (Brucker und Dörflinger 2022). Er bietet im Gegenzug für staatlich erwünschtes Verhalten steuerliche Vorteile, während unerwünschtes Verhalten häufig mit steuerlichen Nachteilen verbunden ist (Birk et al. 2024). Diese Steuerbegünstigungen, zu denen Steuerbefreiungen und reduzierte Bemessungsgrundlagen zählen, gehören zu den sogenannten Lenkungsnormen, mithilfe derer der Staat gestaltend in das wirtschaftliche Geschehen eingreift und auch das Handeln der Arbeitgeber beeinflusst (Hey 2021). Solche Normen sind jedoch nicht mit dem Prinzip der Besteuerung nach der individuellen Leistungsfähigkeit vereinbar. Deshalb bedarf es plausibler Rechtfertigungsgründe für derartige Steuerbegünstigungen. Der Gesetzgeber muss die daraus resultierende Ungleichbehandlung mit der Bedeutung des jeweiligen Lenkungszwecks für das Gemeinwohl begründen können (Birk et al. 2024). Seit geraumer Zeit werden umwelt- und klimapolitische Ziele zur Rechtfertigung vieler Steuerbegünstigungen herangezogen und steuerliche Anreize zur Förderung der Elektromobilität, der Nutzung öffentlicher Verkehrsmittel und des Fahrradverkehrs gesetzt (Bundesministerium der Finanzen 2021; Deutscher Bundestag 2019).

Die Lohnsteuer wird von Arbeitnehmern als Belastung wahrgenommen, entsprechende Begünstigungen können sich als staatlicher Anreiz auf deren Verhalten auswirken Für Arbeitnehmer bedeuten lohnsteuerliche Abgaben eine Reduktion der Vergütung. In der wirtschaftswissenschaftlichen Theorie werden Steuern überwiegend als Belastung angesehen, die Arbeitnehmer möglichst vermeiden wollen. Das Steuerbelastungsgefühl gilt als subjektiv geprägte Größe, die zwar auf der objektiven Steuerbelastung basiert, aber durch subjektive Wahrnehmungsfilter verzerrt wird (Schmölders 1970). Diese Wahrnehmungsfilter beeinflussen die individuelle Bewertung von Nutzeneinbußen (Hansmeyer und Schmölders 1980).

Wird die Lohnsteuer lenkend eingesetzt, sollen bestimmte Steuerbefreiungen ein vom Staat gewünschtes Verhalten fördern – die Steuerbegünstigung ist dann ein staatlicher Anreiz. Die Lohnsteuerbegünstigung von E-Autos als Firmenwagen soll beispielsweise Arbeitnehmer dazu motivieren, E-Autos zu wählen und damit zu den klimapolitischen Zielen beizutragen.

Die Lohnsteuer kann sich über die Sozialversicherungsbeiträge auf die Personalkosten und über die Nutzeneinbußen der Mitarbeiter auf die Anreizwirkung von Vergütung auswirken Unternehmen sind als nicht natürliche Personen nicht lohn- und einkommensteuerpflichtig. Weder Lohnsteuer noch Kirchensteuer oder Solidaritätszuschlag sind Bestandteil der Personalkosten, mit Ausnahme einer übernommenen Pauschalversteuerung. Demgegenüber zählen die Arbeitgeber-Sozialversicherungsbeiträge zu den indirekten Personalkosten. Diese basieren auf dem sozialversicherungspflichtigen Arbeitsentgelt, das eng mit dem lohnsteuerpflichtigen Arbeitslohn verbunden ist. Die Höhe der Lohnsteuerbemessungsgrundlage hat also über die Sozialversicherungspflicht eine indirekte Wirkung auf die Personalkosten.

Steuern können auch die Anreizwirkung der von Unternehmen gewährten Vergütung beeinflussen, weil sie diese systematisch reduzieren. Bei Lohnsteuerbefreiungen gibt es keine Nutzeneinbußen für die Mitarbeiter. Lohnsteuerbegünstigungen können daher als staatlicher Anreiz für Unternehmen verstanden werden, entsprechend begünstigte Lohnformen einzuführen. Im Gegenzug gewährt der Staat den Mitarbeitern Steuerbegünstigungen, die sich auf deren Motivation auswirken können. Aus diesem Grund kann es für Unternehmen von Vorteil sein, mögliche betriebliche Gestaltungsspielräume zu identifizieren und zu nutzen.

3.3   Lohnsteuerbegünstigungen

Für die Gewährung von Lohnsteuerbegünstigungen gibt es verschiedene Bedingungen Lohnsteuerbegünstigungen setzt der Staat gezielt für verteilungs-, sozial- und wirtschaftspolitische Lenkungsmaßnahmen ein. Die vielfältigen begünstigenden Regelungen des EStG verfolgen unterschiedliche staatliche Ziele. Um diese zielgerecht zu fördern, knüpft der Gesetzgeber die Begünstigungen an spezifische Bedingungen der jeweiligen Lohnform.

Zusätzlichkeitserfordernis
Zum einen ist darauf zu achten, ob das Steuerrecht eine Gehaltsumwandlung oder Gehaltsverzicht zulässt oder ob eine solche durch eine Zusätzlichkeitserfordernis i. S. d. § 8 Abs. 4 EStG (2025) untersagt ist. Bei einer Zusätzlichkeitserfordernis wird im EStG regelmäßig die Formulierung „zusätzlich zum ohnehin geschuldeten Arbeitslohn" verwendet (Bundesministerium der Finanzen 2020; siehe dazu Haufe Online Redaktion 2022).

Freibetrag und Freigrenze
Zum anderen wird der Umfang einer Lohnsteuerbefreiung regelmäßig auf einen Freibetrag bzw. eine Freigrenze limitiert. Während der Freibetrag vom lohnsteuerpflichtigen Arbeitslohn abgezogen werden kann, gilt für die Freigrenze: Übersteigt der Arbeitslohn die Freigrenze im Betrachtungszeitraum, ist sämtlicher Arbeitslohn steuerpflichtig.

Beide Bedingungen geben dem Staat Planungssicherheit bei seinem fiskalpolitischen Ziel der Einnahmengenerierung.

Erstellung von Werbungskosten
Neben diesen konstitutionellen Steuerbefreiungen lässt der Staat für etliche Tatbestände auch einen lohnsteuerfreien Bezug zu, wenn die Arbeitnehmer die Leistung auch als Werbungskosten individuell geltend machen könnten – es handelt sich dann um eine steuerfreie Erstattung von Werbungskosten durch den Arbeitgeber. Diese Leistungen sind aus Sicht des Arbeitnehmers im Grunde sowieso steuerfrei, weil sie diese im Rahmen der Einkommensteuererklärung steuermindernd ansetzen könnten.

Daneben gibt es weitere spezifische Bedingungen, die sicherstellen sollen, dass die verfolgten staatlichen Ziele erreicht werden, beispielsweise in der Gesundheitsförderung, wo die lohnsteuerlich begünstigten Maßnahmen den Anforderungen des SGB V entsprechen müssen.

Die konkreten Lohnsteuerbegünstigungen sind sehr vielfältig Die relevanten Tatbestände für Lohnsteuerbefreiungen sind zusammen mit etwaigen Bedingungen im Gesetz explizit genannt (siehe § 3 und 3b EStG 2025). Einige Regelungen sind aktuell zeitlich befristet. Daneben bestehen weitere steuerbegünstigende, d. h. reduzierte Bewertungsmaßstäbe bei Sachbezügen (§ 8 EStG 2025). Abb. 3.1 fasst die wichtigsten Regelungen zusammen und unterscheidet zwischen konstitutionellen Steuerbegünstigungen gegenüber der Erstattung von Werbungskosten.

Zusätzlich existieren Arbeitgeberzuwendungen, die nicht lohnsteuerpflichtig sind, weil sie keinen steuerbaren Arbeitslohn darstellen und daher nicht explizit befreit werden müssen. Auch hier gelten bestimmte Freibeträge. Abb. 3.2 fasst diese nichtlohnsteuerpflichtigen Zuwendungen zusammen.

3.4 Lohnsteuerpauschalversteuerung

Auch die Pauschalversteuerung von Lohn kann für Mitarbeiter eine Lohnsteuerbegünstigung darstellen In bestimmten Tatbeständen besteht die Möglichkeit der Pauschalversteuerung. Grundsätzlich hat individuelle Versteuerung anhand der individuellen Lohnsteuermerkmale Vorrang, Pauschalversteuerung ist ein teilweise genehmigungspflichtiges Wahlrecht für Unternehmen. Bei Pauschalversteuerung schuldet der Arbeitgeber die Steuer. Das Unternehmen kann die pauschalierte Steuer selbst tragen oder an die Mitarbeiter abwälzen (Hausen 2025). Die Pauschalversteuerung bietet für Unternehmen vor allem Vereinfachung. Bürokratischer Verwaltungsaufwand wird eingespart, insbesondere bei kollektiven Zuwendungen wie Betriebsveranstaltungen. Daneben löst die Lohnsteuerpauschalierung meistens Beitragsfreiheit in der Sozialversicherung aus, mit Ausnahme der Pauschalversteuerungsmöglichkeiten von Sachprämien und Geschenken & Incentives (§ 37a EStG 2025).

Für Mitarbeiter wirkt die Pauschalversteuerung bei Übernahme durch das Unternehmen wie eine Lohnsteuerbefreiung. Bei Abwälzung der Steuer an den betroffenen Mitarbeiter hängt die mögliche Lohnsteuerbegünstigung vom Verhältnis von Pauschalsteuersatz und individuellem (Grenz-)Steuersatz ab. Liegt der individuelle Grenzsteuersatz über dem Pauschalsteuersatz, wirkt die Pauschalversteuerung steuerreduzierend.

Die konkreten Möglichkeiten zur Lohnsteuerpauschalversteuerung sind ebenfalls sehr vielfältig Die Möglichkeiten der Lohnsteuerpauschalversteuerung sind ebenfalls explizit im Gesetz genannt mit den relevanten Pauschalsteuersätzen

Tatbestand	Rechtsgrundlage	Regelung	Bedingung
Konstitutionell			
Corona-Prämie (Barlohn)	§3 Nr.11a EStG	**Steuerfrei** bis zu einem Freibetrag von 1.500 Euro	**Zusätzlichkeitserfordernis**; Gewährung nur bis 30.06.2022
Inflationsausgleichs-Prämie (Barlohn)	§3 Nr.11c EStG	**Steuerfrei** bis zu einem Freibetrag von 3.000 Euro	**Zusätzlichkeitserfordernis**; Gewährung nur bis 31.12.2024
Jobtickets (Sachlohn) & Fahrtkostenzuschüsse ÖNVP (Barlohn)	§3 Nr.15 EStG	Unbeschränkt **steuerfrei**, sowohl für unentgeltliche / verbilligte Überlassung des Jobtickets als auch für Zuschüsse	**Zusätzlichkeitserfordernis**;
Private Weiterbildungsleistungen zur Beschäftigungsförderung (Sachlohn)	§3 Nr.19 EStG	Unbegrenzt **steuerfrei**	Darf keinen überwiegender Belohnungscharakter
Betreuungskosten für nicht-schulpflichtige Kinder (Barlohn)	§3 Nr.33 EStG	Unbegrenzt **steuerfrei**	**Zusätzlichkeitserfordernis**
Betriebliche Gesundheitsförderung (Sachlohn) & Zuschüsse zu entsprechenden Gesundheitsdienstleistungen (Barlohn)	§3 Nr.34 EStG	**Steuerfrei** bis zu einem Freibetrag von 600 Euro	**Zusätzlichkeitserfordernis**; Maßnahmen müssen den Anforderungen des SGB V entsprechen; keine Mitgliedsbeiträge zu Sportvereinen
Betreuungs- sowie Beratungs- und Vermittlungskosten für Kinder und pflegebedürftige Familienangehörige (Barlohn)	§3 Nr.34a EStG	**Steuerfrei** bis zu einem Freibetrag von 600 Euro	**Zusätzlichkeitserfordernis**; nur für kurzfristige, nicht regelmäßige Betreuung von Kindern bis 14 Jahren und für die Betreuung von pflegebedürftigen Angehörigen
Überlassung eines Fahrrads (Job-Rad) zur privaten Nutzung (Sachlohn)	§3 Nr.37 EStG	Unbegrenzt **steuerfrei**	**Zusätzlichkeitserfordernis**;
Überlassung eines Fahrrads (Job-Rad) zur privaten Nutzung gegen Entgeltumwandlung (Sachlohn)	§3 Nr.37 EStG	**Steuerbegünstigt** durch einen Abschlag auf den zu versteuernden geldwerten Vorteil: nur 1/4 der unverbindlichen Preisempfehlung des Herstellers	
Sachprämien durch Kundenbindungsprogramme (Sachlohn)	§3 Nr.38 EStG	**Steuerfrei** bis zu einem Freibetrag von 1.080 Euro	Nur bei persönlicher Inanspruchnahme
Vermögensbeteiligung (Sachlohn)	§3 Nr.39 EStG	**Steuerfrei** bis zu einem Freibetrag von 2.000 Euro, für unentgeltliche oder verbilligte Überlassung von Vermögensbeteiligungen	Nur für Beteiligungen am eigenen Unternehmen oder Mitarbeiterbeteiligungsfonds; muss allen Arbeitnehmern, die länger als 1 Jahr im Unternehmen sind, offenstehen: Teilnahme muss freiwillig sein
Private Nutzung von betrieblichen Datenverarbeitungsgeräten inklusive Verbindungsentgelten (Sachlohn)	§3 Nr.45 EStG	Unbegrenzt **steuerfrei**	
Überlassung einer Ladevorrichtung zur privaten Nutzung und Aufladen im Betrieb	§3 Nr.46 EStG	Unbegrenzt **steuerfrei**; für unentgeltliche oder verbilligte Überlassung bzw. für unentgeltliches oder verbilligtes Aufladen	**Zusätzlichkeitserfordernis**;

Abb. 3.1 Übersicht ausgewählter Lohnsteuerbegünstigungen. (Eigene Darstellung)

AG-Beiträge zu kapitalgedeckten Pensionskassen, Pensionsfonds und Direktversicherungen (Barlohn)	§3 Nr.63 EStG	**Steuerfrei** bis zu einem Freibetrag von 8% der BBG	Nur für Verträge, die nach dem 1.1.2005 abgeschlossen wurden
Sonn- und Feiertags- sowie Nachtzuschläge (SFN) (Barlohn)	§3b EStG	**Steuerfrei** bis zu einer bestimmten Höhe (vom Grundlohn): Nacht: 25% Sonntag: 50% Feiertag: 125-150% bei max. 50 Euro/h Grundlohn	Explizite Ausweisung der Zuschläge im Arbeitsvertrag oder Tarifvertrag und getrennte Zahlung vom Grundlohn; Zugrundeliegende SFN-Arbeit muss nachweisbar sein, daher keine Pauschalierung der SFN-Zuschläge zulässig
Überlassung eines elektrobetriebenen Firmenwagens zur privaten Nutzung (Sachlohn)	§8 Abs. 2 Satz 2 EStG i. V. m. §6 Abs. 1 Nr.4 Satz 2 EStG	**Steuerbegünstigt** durch einen Abschlag auf den zu versteuernden geldwerten Vorteil im Rahmen des Pauschalverfahrens (1%-Regelung): nur 1/4 bzw. 1/2 des Bruttolistenpreises	Bruttolistenpreis darf nicht höher als 70.000 Euro betragen (ab 1.7.2025: 100.000 Euro)
Verpflegung und Kantinenmahlzeiten (Sachlohn)	§8 Abs. 2 Satz 8 i. V. m. §7 Nr.4 LStR	**Steuerbegünstigt** durch den Ansatz von günstigen Sachbezugswerten	
Geringfügige Sachbezüge als Sachbezug oder in Form von Gutscheinen (Sachlohn)	§8 Abs. 2 Satz 11 EStG	**Steuerfrei** bis zu einer Freigrenze von 50 Euro monatlich	**Zusätzlichkeitserfordernis**; alle Sachzuwendungen, auch Gutscheine werden gesamthaft betrachtet (Summe relevant); bei Gutscheinen sind nur Closed-Loop & Controlled Loop Karten möglich, es darf keine Barauszahlungsmöglichkeit geben
Wohnungsüberlassung (Sachlohn)	§8 Abs. 2 Satz 12 EStG	**Steuerbegünstigt** durch einen Abschlag auf den zu versteuernden geldwerten Vorteil (nur 2/3 der ortsüblichen Miete)	ortsübliche Miete darf 25 Euro/qm nicht übersteigen
Rabattfreibetrag	§8 Abs. 3 EStG	**Steuerfrei** bis zu einem Freibetrag von 1.080 Euro;	Bezieht sich nur auf Waren und Dienstleistungen, die der Arbeitgeber selbst handelt
Erstattung von Werbungskosten			
Erstattung von Reisekosten, Umzugskosten und Kosten der doppelten Haushaltsführung	§3 Nr. 16 EStG	**Steuerfrei** bis zu den ansetzbaren Werbungskosten	Müssen beruflich bzw. betrieblich veranlasst sein
Berufsbekleidung	§3 Nr. 31 EStG	Unbegrenzt **steuerfrei**	Nur für typische Berufsbekleidung
Unentgeltliche Sammelbeförderung (Sachlohn)	§3 Nr.32 EStG	Unbegrenzt **steuerfrei**, für unentgeltliche oder verbilligte Beförderung	Muss im überwiegend betrieblichen Interesse sein, nur Sammelbeförderung zwischen Wohnung und 1. Tätigkeitsstätte

Abb. 3.1 (Fortsetzung)

Tatbestand	Rechtsgrundlage	Regelung	Bedingung
Aufmerksamkeiten	R 19.6 LStR	**Zulässig** bis zu einem Freibetrag von 60 Euro (pro Zuwendung)	Aus besonderem persönlichen Anlass oder bei einem besonderen betrieblichen Interesse
Zuwendungen auf Betriebsveranstaltungen	§19 Abs.1 Satz1 Nr.1a EStG	**Zulässig** bis zu einem Freibetrag von 110 Euro für max. 2 Betriebsveranstaltungen	Gesellschaftlicher Charakter; muss allen Betriebsangehörigen offenstehen, Teilnehmer müssen überwiegend Betriebsangehörige sein; Nur Zuwendungen an den Arbeitnehmer selbst, Angehörige sind ausgenommen; Dokumentationspflicht
Fort- und Weiterbildungsleistungen	R 19.7 LStR	Uneingeschränkt **zulässig**	Im überwiegend betrieblichen Interesse

Abb. 3.2 Übersicht der nicht lohnsteuerpflichtigen Zuwendungen. (Eigene Darstellung)

(§§ 37a, 37b, 40, 40a und 40b EStG 2025). Auch hier bestehen teilweise Bedingungen, wie das Zusätzlichkeitserfordernis. Abb. 3.3 zeigt die bedeutendsten Tatbestände.

3.5   Die Bedeutung der Politik und Rechtsprechung für die Lohnsteuer

Lohnsteuerrechtliche Rahmenbedingungen unterliegen stetigen Veränderungen Gesetzliche Regelungen sind zeitpunktbezogen und können sich ändern. Je nach politischen Mehrheitsverhältnissen verschieben sich die rechtlichen Rahmenbedingungen entsprechend den vertretenen Interessen. Mit Legislaturperioden von jeweils vier Jahren sind bereits mittelfristig Änderungen der Lohnsteuerregelungen möglich. Wahlprogramme und Koalitionsverträge liefern Anhaltspunkte für sich wandelnde staatliche Prioritäten. Die Lohnsteuerbegünstigungen für E-Autos als Firmenwagen beispielsweise existieren seit Anfang 2020 und wurden im Zuge des Klimaschutzgesetzes eingeführt. Wechselnde politische Prioritäten könnten solche Begünstigungen jedoch konterkarieren. Im aktuellen Koalitionsvertrag von 2025 ist als relevante steuerliche Maßnahme insbesondere die Lohnsteuerbefreiung von Überstunden und die Einführung einer steuerfreien „Aktivrente" für Arbeitnehmer, die das gesetzliche Rentenalter bereits erreicht haben, zu nennen (Haufe Online Redaktion 2025). Auch haushaltspolitische Erwägungen können Steuerbegünstigungen beeinflussen, da diese den

Tatbestand	Rechtsgrundlage	Pauschalsteuersatz	Bedingung/Besonderheit
Sachprämien aus Kundenbindungs-programmen	§37a EStG	2,25%	
Geschenke & Incentives auch an eigene Arbeitnehmer	§37b EStG	30%	**Nicht sozialversicherungsfrei;** Höchstgrenze: 10.000 Euro
Mahlzeiten im Betrieb	§40 Abs. 2 Satz 1 Nr.1 EStG	25%	Darf nicht als Lohnbestandteil definiert sein
Betriebsveranstaltungen	§40 Abs. 2 Satz 1 Nr.2 EStG	25%	
Erholungsbeihilfen	§40 Abs. 2 Satz 1 Nr.3 EStG	25%	Höchstgrenzen: 156 Euro plus 104 Euro Ehepartner plus 52 Euro pro Kind; Sicherstellung der Verwendung zu Erholungs-zwecken
Übereignung von Datenverarbeitungsgeräten und Telekommunikation	§40 Abs. 2 Satz 1 Nr.5 EStG	25%	**Zusätzlichkeitserfordernis**
Übereignung von Ladevorrichtun-gen für Elektrofahrzeuge	§40 Abs. 2 Satz 1 Nr.6 EStG	25%	**Zusätzlichkeitserfordernis**
Übereignung eines Fahrrads	§40 Abs. 2 Satz 1 Nr.7 EStG	25%	**Zusätzlichkeitserfordernis**
Fahrten zwischen Wohnung und erster Tätigkeitsstätte als Sachbezug	§40 Abs. 2 Satz 2 Nr.1a EStG	15%	
Fahrten zwischen Wohnung und erster Tätigkeitsstätte als Zuschuss	§40 Abs. 2 Satz 2 1b EStG	15%	**Zusätzlichkeitserfordernis**
Jobtickets und Zuschüsse zu Fahr-ten zwischen Wohnung und 1. Tätigkeitsstätte mit ÖPNV durch Gehaltsumwandlung	§40 Abs. 2 Satz 2 Nr.2 EStG	25%	
Beiträge Gruppenunfallversicherung	§40b Abs. 3 EStG	20%	
Beiträge zu Direktversicherungen und Pensionskassen	§40b EStG (alte Fassung)	20%	

Abb. 3.3 Übersicht ausgewählter Lohnsteuerpauschalierungsmöglichkeiten. (Eigene Darstellung)

verfügbaren Haushalt bestimmen. Angesichts hoher erwarteter Haushaltsdefizite sind Kürzungen und Streichungen von Steuerbefreiungen ein gängiges Instrument.

Neben der Politik konkretisiert die Rechtsprechung bestehende lohnsteuerliche Regelungen durch ihre Entscheidungen. Beispielhaft seien die kontroversen Gerichtsentscheidungen von 2016 bis 2019 zur Zulässigkeit von Gehaltsumwandlungen zugunsten steuerbegünstigter Lohnbestandteile nach Arbeitsvertragsänderung genannt. Nach höchstrichterlichem Spruch wurde das EStG entsprechend ergänzt (siehe dazu Haufe Online Redaktion 2022).

Um diesen Veränderungen in Politik und Rechtsprechung Rechnung zu tragen, erlässt der Gesetzgeber jeweils zum Jahresende ein Jahressteuergesetz.

Anreizwirkungen von lohnsteuerbegünstigten Vergütungsbestandteilen (Mitarbeiterperspektive)

> ▶ In diesem Kapitel geht es um die individuellen Anreizwirkungen von lohnsteuerbegünstigen Vergütungsbestandteilen. Dazu legen wir zunächst motivationstheoretische und verhaltenswissenschaftliche Grundlagen: was ist Motivation, wie entsteht sie, welche Rolle spielt dabei Gerechtigkeit? Anschließend wollen wir die beiden Fragen aus der Mitarbeiterperspektive beantworten, also ob steuerbegünstigte Vergütungsbestandteile einen Anreiz darstellen können und wie sich dieser dann auf Motivation und Handeln auswirken kann.

4.1 Motivationstheoretische Grundlagen

Motivation ist Verhaltensbereitschaft Motivation ist ein psychologisches Konstrukt, das einer direkten Beobachtung nicht zugänglich ist. Rheinberg (2018) definiert Motivation als „die aktivierende Ausrichtung des momentanen Lebensvollzugs auf einen positiv bewerteten Zielzustand" (S. 15). Motivation ist demnach eine Verhaltensbereitschaft, die das zielgerichtete Handeln von Individuen maßgeblich determiniert.

Motivation entsteht im Zusammenspiel von situationsbezogenen Anreizen und personenbezogenen Motiven In der Motivationspsychologie gibt es zahlreiche Theorien zur Entstehung von Motivation. Abb. 4.1 illustriert die Determinanten und den Verlauf motivierten Handelns. Dieses Übersichtsmodell basiert auf dem „Erweiterten kognitiven Motivationsmodell" von Heckhausen (1977) und dem „Grundmodell der klassischen Motivationspsychologie" von

C. Weber und N. Meyer, *Die Gestaltung von lohnsteuerbegünstigten Vergütungsbestandteilen*, essentials, https://doi.org/10.1007/978-3-658-50289-8_4

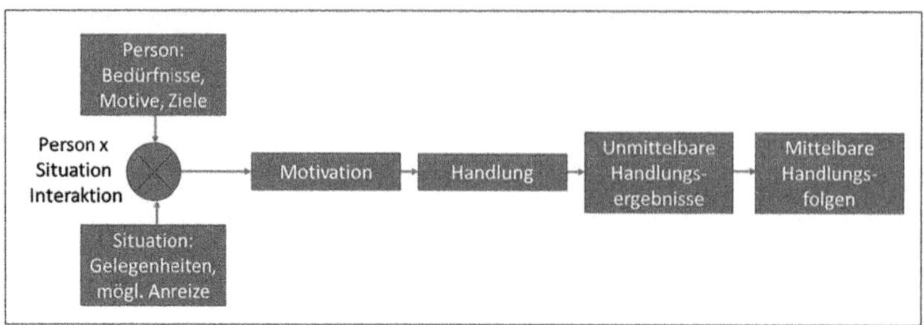

Abb. 4.1 Übersichtsmodell. (Eigene Darstellung in Anlehnung an J. Heckhausen und Heckhausen 2025)

Rheinberg und Heckhausen (1980). Motivation entsteht demzufolge in der Interaktion von personenbezogenen und situationsbezogenen Faktoren.

Die personenbezogenen Faktoren umfassen universelle Verhaltenstendenzen und Bedürfnisse (wie Hunger oder Durst) sowie individuelle Motivdispositionen und persönliche Ziele. Die individuellen Motivdispositionen sind überdauernd, entwickeln sich aufgrund vergangener Erfahrungen und können als „wiederkehrende Anliegen" in universell auftretenden Lebenssituationen verstanden werden (J. Heckhausen und Heckhausen 2025).

Die situationsbezogenen Faktoren beinhalten vor allem Anreize, die als „alles was Situationen an Positivem und Negativem einem Individuum verheißen oder andeuten" zu verstehen sind (J. Heckhausen und Heckhausen 2025).

Motivation ist der Handlung vorgelagert. Zur besseren Analyse der Wirkung möglicher Anreize ist eine Abgrenzung von Handlung und ihren Konsequenzen notwendig. Die unmittelbaren Konsequenzen werden als Handlungsergebnisse, die mittelbaren als Handlungsfolgen bezeichnet. Anreize können die Handlungstätigkeit mit ihrem Handlungsergebnis (Tätigkeitsanreize für intrinsische Motivation) und/oder deren Handlungsfolgen (Zweckanreize für extrinsische Motivation) darstellen (J. Heckhausen und Heckhausen 2025). Diese Anreize wirken jeweils entweder anziehend (Appetenz) oder abstoßend (Aversion) bei der Entstehung von Motivation (Rheinberg und Vollmeyer 2018). Materielle Vergütungsbestandteile sind demnach als eine (nachgelagerte) Belohnung für Arbeit als Handlungsfolge und Zweckanreiz zu verstehen.

Personenbezogene Motive sind individuell ausgeprägt, lassen sich aber kategorisieren Die Frage nach Art, Anzahl und Bedeutung handlungsleitender Motive wurde in etlichen Motivationstheorien, den „Inhaltstheorien", behandelt.

Die Bedürfnispyramide von Maslow ist der bekannteste Ansatz. Maslow (1987) unterscheidet fünf Bedürfnisklassen unterschiedlicher Wertigkeit: physiologische Bedürfnisse (Nahrung, Schlaf), Sicherheitsbedürfnisse (Schutz, wirtschaftliche Sicherheit), soziale Bedürfnisse (Freundschaft, Gruppenzugehörigkeit), Achtungsbedürfnisse (Kompetenz, Status) und Selbstverwirklichungsbedürfnis. Nach Maslows Rangfolgehypothese werden höhere Bedürfnisse erst relevant, wenn niedrigere befriedigt sind. Die Maslow-Pyramide ist in der Praxis verbreitet, steht jedoch in Gegensatz zur wissenschaftlichen Aussagekraft, da sie erheblicher Kritik ausgesetzt ist, insbesondere hinsichtlich fehlender empirischer Überprüfung der Bedürfnisklassen und der Rangfolgehypothese (Berthel und Becker 2025).

Neben der Bedürfnispyramide gibt es noch weitere bedeutende Inhaltstheorien, wie die ERG-Theorie von Alderfer (1972) und die Theorie der erlernten Bedürfnisse von McClelland (1975). Für eine umfassende Darstellung der drei Theorien verweisen wir auf Staehle (2014).

Bei der Entstehung von Motivation spielen auch die Erwartungen der Mitarbeiter eine Rolle Die Frage nach dem Motivationsprozess, insbesondere bezüglich kognitiver Vorgänge, wurde in weiteren Motivationstheorien, den „Prozesstheorien", thematisiert.

Erwartungs-Wert-Theorien unterstellen einen rational handelnden Menschen, der Erwartungen über Eintrittswahrscheinlichkeiten verschiedener Handlungskonsequenzen entwickelt und diesen Wertigkeiten basierend auf handlungsleitenden Bedürfnissen und Motiven beimisst: Erwartung und Wertigkeit begründen gemeinsam die Handlungsmotivation (Berthel und Becker 2025).

Die bedeutendste Erwartungs-Wert-Theorie entwickelte Vroom (1964). In seiner Valenz-Instrumentalitäts-Erwartungstheorie (VIE-Theorie) ist die bereits dargelegte Unterscheidung zwischen Handlung mit unmittelbarem Handlungsergebnis und mittelbaren Handlungsfolgen grundlegend. Valenz bezeichnet die subjektive Wertigkeit eines Anreizes und bezieht sich zunächst nur auf die Handlungsfolgen. Bei Appetenz der Handlungsfolgen ist die Valenz positiv, bei Aversion negativ. Handlung und Handlungsergebnis sind nur Mittel zum Zweck der subjektiv bewerteten Handlungsfolgen und gewinnen ihre Valenz erst durch ermöglichte Handlungsfolgen. Instrumentalität drückt den subjektiv empfundenen Verknüpfungsgrad aus, mit der Handlungsfolgen auf das Handlungsergebnis folgen. Der Verknüpfungsgrad kann positiv, aber auch negativ sein, wenn gerade das Gegenteil einer bestimmten Handlungsfolge eintritt. Verschiedene Handlungsfolgen können auch aufeinander aufbauen, sodass sich die Valenz einer ersten Handlungsfolge auch aus nachgelagerten Handlungsfolgen ergibt. So kann Vergütung, die z. B. als Belohnung für Arbeit gewährt wird, als erste Handlungsfolge weitere nach sich ziehen (z. B. eine ermöglichte Ferienreise), deren Valenz dann in die Valenz von Vergütung einfließt. Die Valenz eines Handlungsergebnisses resultiert letztendlich als Summe der mit der jeweiligen Instrumentalität gewichteten Valenzen der Handlungsfolgen. Personen bilden zudem noch subjektive Erwartungen, inwieweit das eigene Handeln auch zum (belohnten) Handlungsergebnis führt. Diese wird in der VIE-Theorie Erfolgserwartung oder schlicht Erwartung genannt. Die Motivation für eine Handlung resultiert als Produkt aus Erwartung, Instrumentalitäten und Valenzen. Bei mehreren Handlungsoptionen wählen Individuen diejenige mit der höchsten erwarteten Valenz. Die VIE-Theorie erfreut sich in Theorie und Praxis hoher Beliebtheit, da sie auf ganz unterschiedliche Anreize angewendet werden kann. Für eine umfassendere Darstellung wird auf Heckhausen und Heckhausen (2025) und Staehle (2014) verwiesen.

4.2   Verhaltenswissenschaftliche Grundlagen zu organisationaler Gerechtigkeit

Gerechtigkeit ist eine subjektive Bewertung Gerechtigkeit, auch als Fairness bezeichnet, verstehen wir – wie Motivation – als psychologisches Konstrukt, nämlich als eine subjektive Bewertung. Gerechtigkeit wird von Individuen unterschiedlich wahrgenommen (Van Den Bos und Lind 2002). Die subjektive Bewertung kann sich auf die Verteilung (Verteilungsgerechtigkeit), den Verteilungsprozess (Verfahrensgerechtigkeit) oder die Behandlung von Individuen im Verteilungsprozess (Interaktionale Gerechtigkeit) beziehen. Diese Aspekte werden unter organisationaler Gerechtigkeit zusammengefasst (Robbins und Judge 2023). Die Wahrnehmung organisationaler Gerechtigkeit wirkt sich auf Einstellungen (z. B. Attraktivitätsbewertungen) und Verhalten von Individuen aus (Cropanzano 1993; Greenberg 1996). Entgeltgerechtigkeit bezieht sich speziell auf die Gerechtigkeitswahrnehmung bezogen auf Vergütung.

Verteilungsgerechtigkeit Es gibt unterschiedliche Prinzipien der Güterverteilung. Deutsch (1975) nennt den Bezug von Belohnungen zum Beitrag (equity), zur Bedürftigkeit (need) sowie Gleichheit (equality). Je nach Kontext und Zielsetzung einer kooperierenden Gruppe empfindet diese eines der drei Verteilungsprinzipien als gerecht. Stehen gute soziale Beziehungen im Vordergrund, ist das „Gleichheitsprinzip" relevant; bei starker Verantwortung für Entwicklung und Wohlergehen der Gruppenmitglieder das „Bedürftigkeitsprinzip". In ökonomischen Kontexten mit Fokus auf Leistung und Produktivität ist das „Beitragsprinzip" für die Gerechtigkeitswahrnehmung relevant (Deutsch 1975).

Das Beitragsprinzip genießt in der Unternehmenspraxis die größte Bedeutung, ist der Kontext in Unternehmen grundlegend auf Leistung ausgelegt. Mitarbeiter beurteilen Verteilungsgerechtigkeit dann durch vielfältige Vergleiche, insbesondere des Verhältnisses ihrer Belohnungen (Output) zu ihren Beiträgen (Inputs) im Vergleich zu anderen Mitarbeitern. Sie streben nach ausgeglichenen, für alle ähnlichen Verhältnissen (Adams 1965). Entscheidend ist nicht, dass alle gleichhohe Belohnungen erhalten, sondern dass sich die Belohnungs-Beitrags-Verhältnisse in einem akzeptablen Rahmen befinden. Abweichungen führen zu Ungerechtigkeitswahrnehmungen und motivieren zu ausgleichendem Verhalten. So kann die Wahrnehmung von zu geringer Vergütung im Vergleich zu einer Referenzperson dazu führen, dass der Mitarbeiter seine Anstrengungen reduziert, um ein ausgeglichenes Verhältnis zu realisieren (Berthel und Becker 2025). Diese In- und Output-Vergleiche führen Individuen sowohl innerhalb von Unternehmen (internal equity) als auch zu Wettbewerbern (external equity) durch (Gerhart et al. 2022).

Verfahrensgerechtigkeit Neben der Verteilungsgerechtigkeit kann sich die Wahrnehmung auf das Verteilungsverfahren beziehen. Hier spielen vor allem Prozesskontrolle (Möglichkeit der Mitbestimmung) und Erklärungen (klare Kriterien für die Verteilung) eine große Rolle. Für die Fairnessbeurteilung eines Verfahrens sind zudem dessen konsistente Anwendung, die Unvoreingenommenheit der Entscheider, die Genauigkeit relevanter Informationen und die Offenheit für Beschwerden relevant (Leventhal 1980). Diese sechs Gerechtigkeitsregeln bilden die Grundlage weiterführender Studien zu Konsequenzen von Verfahrensgerechtigkeit (siehe Lind und Tyler 1988). Die Wahrnehmung der Verfahrensgerechtigkeit wirkt sich positiv auf die Zufriedenheit aus, insbesondere bei negativer Wahrnehmung der Verteilungsgerechtigkeit, was als „Fair Process Effect" bekannt ist (Lind und Tyler 1988).

Gerechtigkeitswahrnehmungen können motivationale Wirkungen entfalten In ihrer Erweiterung der VIE-Theorie integrieren Porter und Lawler (1968) Gerechtigkeitswahrnehmungen von Belohnungen. Sie verstehen diese als Vorstellung des Mitarbeiters darüber, was ihm bezogen auf die erbrachte Leistung als angemessen erscheint. Diese subjektive Einschätzung der Belohnungsverteilung beeinflusst die Mitarbeiterzufriedenheit und wirkt sich auf die Valenz der Belohnung und weiter auf die Motivation aus. Die Erwartungen dessen, was dem Mitarbeiter angemessen erscheint, resultieren aus Vergleichen mit anderen Mitarbeitern oder ähnlichen Sachverhalten. Bei deutlichen Diskrepanzen entsteht Unzufriedenheit, was die Valenz reduziert (Staehle 2014).

4.3 Motivationstheoretische Betrachtung von lohnsteuerbegünstigten Vergütungsbestandteilen

Auf Basis der motivationstheoretischen Grundlagen wollen wir nun die erste in Abschn. 2.4 aufgeworfene Fragestellung beantworten:

- Inwieweit kann die Gewährung von lohnsteuerbegünstigten Vergütungsbestandteilen einen Anreiz für Mitarbeiter konstituieren oder verstärken?

Die Lohnsteuerbegünstigung eines Vergütungsbestandteils kann dessen Valenz erhöhen Wegen der fehlenden konkreten Gegenleistung für die individuellen lohnsteuerlichen Abgaben werden diese von den Individuen überwiegend als Belastung angesehen, welche sie vermeiden wollen. Sie schreiben den Abgaben somit eine negative Valenz zu. In der Steuerpsychologie wird diese negative Valenz mit dem Begriff des subjektiven Steuerbelastungsgefühls bezeichnet (Schmölders 1970). Gesetzlich erforderliche Lohnsteuerabgaben reduzieren die Valenz von Vergütung. Im Umkehrschluss können Lohnsteuerbegünstigungen die Valenz von Vergütung dann erhöhen und motivierend wirken.

Die Stärke dieses valenzmindernden Effektes der Steuer und des umgekehrten Effektes einer Begünstigung ist von objektiven Faktoren, wie dem individuellen Grenzsteuersatz, aber auch von subjektiven Faktoren abhängig, die sich auf die Wahrnehmung der Mitarbeiter beziehen. In der Steuerpsychologie spricht man von Wahrnehmungsfiltern. Filternd können die Bezeichnung von Steuern oder das Informationsangebot des Staates rund um eine Steuer sein (Hansmeyer und Schmölders 1980).

Besonderheit Freibetrag und Freigrenze
Ist eine Lohnsteuerbefreiung durch einen Freibetrag begrenzt, ist der Effekt entsprechend limitiert. Sobald der Freibetrag ausgeschöpft ist, ist keine weitere Lohnsteuerbefreiung mehr möglich und der mögliche positive Effekt auf die Valenz entfällt. Bei einer bereits ausgeschöpften Freigrenze kann sich sogar eine negative Valenz ergeben, da bei Überschreiten der Freigrenze die zuvor lohnsteuerfreien Vergütungsbestandteile nun versteuert werden müssen.

Besonderheit Pauschalversteuerung
Handelt es sich bei der Begünstigung um eine Möglichkeit der Pauschalversteuerung, wird der Effekt auf die Valenz maßgeblich über die Differenz von

individuellem Grenzsteuersatz und Pauschalsteuersatz bestimmt. Es gilt: Je höher diese Differenz, desto höher der Effekt. Für Mitarbeiter mit besonders niedrigen Einkommen und damit niedrigen Grenzsteuersätzen könnte eine Gewährung pauschalbesteuerter Leistungen gegenüber individuell besteuerten Geldleistungen sogar zu höheren Steuerabgaben und damit zu einer Valenzminderung führen.

Sozialabgabenbefreiungen, die mit Lohnsteuerbefreiungen einhergehen, können hinsichtlich ihrer Wirkung auf die Valenz nicht eindeutig bewertet werden Lohnsteuerbefreiungen sind i. d. R. mit Sozialabgabenbefreiungen verbunden. Die Wirkung einer Sozialabgabenbefreiung auf die Valenz von Vergütung ist nicht eindeutig. Durch die Sozialabgaben haben Mitarbeiter Anspruch auf bestimmte (gesetzliche) Gegenleistungen, die teilweise von der Höhe der geleisteten Beiträge abhängen, wie die gesetzlichen Rentenversicherungsleistungen. Durch die Sozialabgabenbefreiung können Mitarbeiter zwar Sozialabgaben vermeiden, wodurch sich die Vergütung und deren Valenz erhöht, andererseits mindern sich ihre Ansprüche auf konkrete sozialversicherungsrechtliche Gegenleistungen. Diese Gegenleistungen besitzen i. d. R. für Individuen eine bestimmte (positive) Valenz. Diese Valenz ist individuell unterschiedlich und variiert insbesondere mit der Wahrnehmung des Mitarbeiters zu den versicherten Risiken.

> **Beispiel zur Valenz von Beiträgen und Leistungen zur gesetzliche Rentenversicherung**
>
> - Die Mitgliedschaft in der gesetzlichen Rentenversicherung bietet eine Absicherung gegen verschiedene Lebensrisiken, bei denen die jeweiligen Rentenleistungen von der Höhe der eingezahlten Beiträge abhängen.
> - Eine Beitragsbefreiung für bestimmte Vergütungsbestandteile führt zu niedrigeren Rentenleistungen.
> - Welche Valenz der einzelne Mitarbeiter der höheren Vergütung (wegen der Beitragsbefreiung) gegenüber der niedrigeren Rentenleistung (aufgrund geringerer Beiträge) beimisst, kann nicht pauschal beantwortet werden. Die Valenz hängt u. a. von der Risikoeinstellung des Mitarbeiters ab. ◄

Besonderheit Arbeitsentgelte über der Beitragsbemessungsgrenze
Liegt das Arbeitsentgelt des Mitarbeiters oberhalb der Beitragsbemessungsgrenzen für die jeweiligen Sozialabgaben, ist eine Betrachtung der Wirkungen einer Sozialabgabenbefreiung nicht relevant, weil die Lohnsteuerbefreiung keine Auswirkungen auf die Sozialabgaben hat. Für die entsprechenden Vergütungsbestandteile werden

wegen des Überschreitens der Beitragsbemessungsgrenzen ohnehin keine Sozialabgaben abgeführt.

Geldleistungen haben als generalisierter Anreiz eine positive Valenz, während Sachleistungen als spezifischer Anreiz nur bei Bestehen entsprechender Bedürfnisse und persönlicher Ziele eine positive Valenz haben Bei den steuerbegünstigten Vergütungsbestandteilen kann es sich um eine Sachleistung, eine Versorgungszusage, eine zweckgebundene Geldleistung oder eine zweckungebundene Geldleistung handeln. Geld ist kein explizit identifiziertes Bedürfnis, kann aber vielfältig instrumentell eingesetzt werden, um materielle Motive oder immaterielle Motive zu bedienen. Geld kann damit als generalisierter Anreiz gelten, der individuell unterschiedlich instrumentalisiert werden kann (Berthel und Becker 2025).

Für Sachleistungen, Versorgungszusagen und zweckgebundene Geldleistungen gilt: Nur falls diese direkt oder indirekt bestehende Bedürfnisse befriedigen oder wecken können, besitzen sie eine positive Valenz, und damit Anreizcharakter. Die gewährten Belohnungen müssen den persönlichen Zielsetzungen und Präferenzen der Mitarbeiter entsprechen. Diese und damit auch die Valenzen, können sich für Mitarbeiter weitgehend unterscheiden. Sachleistungen könnten für Mitarbeiter im Extremfall sogar eine negative Valenz besitzen, die durch eine Steuerbegünstigung auch nicht kompensiert werden kann.

> **Beispiele zur Valenz von Versorgungszusagen/Sachleistungen**
>
> - Betriebliche Altersversorgung: Die bAV sichert Mitarbeiter gegen Lebensrisiken ab. Eine positive Valenz resultiert, wenn die Mitarbeiter diesbezüglich (unbefriedigte) Sicherheitsbedürfnisse haben, also nicht schon anderweitig ausreichend versorgt sind, und die Absicherung ein persönliches Ziel ist
> - Dienstrad und Firmenwagen: Diese Sachleistungen ermöglichen Mobilität. Eine positive Valenz könnte aus einem Autonomiebedürfnis des Mitarbeiters resultieren. Das Dienstrad ermöglicht zudem körperliche Betätigung und könnte ein Kompetenzbedürfnis befriedigen. Der Firmenwagen, insbesondere bei prestigeträchtigen Marken, kann als Auszeichnung verstanden werden und ein Bedürfnis nach Anerkennung befriedigen.
> - Kantinenmahlzeiten: Diese sollen dem Wohl der Mitarbeiter dienen und physiologische Grundbedürfnisse befriedigen. Werden diese durchweg nicht-vegetarisch zubereitet, wird die Mahlzeit für einen Vegetarier keine positive Valenz besitzen. ◄

> **Fazit**
>
> Bei zweckungebundenen Geldleistungen erhöht sich die Valenz durch die Steuerbegünstigung, weil diese als generalisierter Anreiz ohnehin eine positive Valenz für Mitarbeiter hat.
>
> Bei Sachleistungen, Versorgungszusagen sowie bei zweckgebundenen Geldleistungen könnte hingegen die Leistung selbst eine negative Valenz besitzen, die durch eine Steuerbegünstigung nicht kompensiert werden kann. Die Valenz der Sachleistungen hängt von den individuellen Bedürfnissen und persönlichen Zielsetzungen der einzelnen Mitarbeiter ab. Bei steuerbegünstigten Sachleistungen und zweckgebundenen Geldleistungen sind keine pauschalen Aussagen zur Valenz einer Gewährung möglich.
>
> Geht die Steuerbegünstigung mit einer Sozialabgabenbefreiung einher, müssen zusätzlich neben der Reduktion der Beiträge auch die Gegenleistungen der Sozialversicherung miteinbezogen werden, da diese eine (positive) Valenz besitzen. Dazu müssen die Bedürfnisse und persönlichen Zielsetzungen der einzelnen Mitarbeiter hinsichtlich der versicherten Sozialleistungen betrachtet werden. Hinsichtlich der Wirkungen der Sozialabgabenbefreiungen sind demnach keine pauschalen Aussagen zur Valenz möglich.

▶ **Handlungsempfehlungen für Unternehmen:**
  - Führen Sie Surveys zur individuellen Wahrnehmung ihrer Mitarbeiter zu Steuern & Sozialabgaben durch
  - Führen Sie Surveys zur individuellen Steuersituation durch
  - Führen Sie Surveys zur Attraktivität möglicher steuerbegünstigter Sachleistungen und zweckgebundener Geldleistungen durch
  - Vermeiden Sie eine „Zwangsbeglückung" durch steuerbegünstigte Sachleistungen und zweckgebundener Geldleistungen. Schaffen Sie stets Abwahlrechte
  - Erwägen Sie eine Differenzierung des Angebots nach Mitarbeitergruppen, falls sich für bestimmte Gruppen relativ homogene Bedürfnisse und persönliche Ziele erkennen lassen

Im Weiteren wollen wir die zweite in Abschn. 2.4 aufgeworfene Fragestellung beantworten:

- Wie kann sich ein solcher Anreiz auf die Motivation und das Handeln der Mitarbeiter auswirken?

Dabei wollen wir zunächst die **Instrumentalität** in den Fokus stellen.

Die Bemessungsgrundlagen spezifizieren, welche Handlungsergebnisse durch lohnsteuerbegünstigte Vergütungsbestandteile belohnt werden Innerhalb eines Anreizsystems informiert die Bemessungsgrundlage die Mitarbeiter darüber, welches Verhalten vom Unternehmen erwünscht ist und welche Handlungsergebnisse belohnt werden (Informationsfunktion). Als Bemessungsgrundlage kommt einerseits die Mitgliedschaft im Unternehmen in Betracht, wobei die lohnsteuerbegünstigen Vergütungsbestandteile dann als Eintritts- und Bleibeanreiz fungieren. Andererseits sind auch bestimmte Ergebnisse spezifischen Arbeitsverhaltens denkbar, wobei die lohnsteuerbegünstigen Vergütungsbestandteile dann als Leistungsanreiz fungieren. Auch die Erfüllung bestimmter Anforderungen und die Erlangung bestimmter Qualifikationen zählen zu diesen Ergebnissen.

In der Praxis nutzen Unternehmen freiwillige Sozial- und Zusatzleistungen, auf die sich viele Lohnsteuerbefreiungen beziehen, vornehmlich als Eintritts- und Bleibeanreiz und gewähren diese leistungsunabhängig (Bonago Incentive Marketing Group GmbH 2024). Unternehmen gestalten bestimmte freiwillige Sozial- und Zusatzleistungen aber bewusst auch als Leistungsanreiz, z. B. im Bereich der betrieblichen Altersversorgung für Führungskräfte.

Die Instrumentalität des relevanten Handlungsergebnisses für die Gewährung des lohnsteuerbegünstigten Vergütungsbestandteils bestimmt maßgeblich die Motivation für entsprechende Handlung Neben der Valenz ist die Instrumentalität des Handlungsergebnisses für die Gewährung des steuerbegünstigten Vergütungsbestandteils essentiell für Motivation und Handeln der Mitarbeiter. Basiert die Gewährung auf weiteren Bemessungsgrundlagen, die der Mitarbeiter durch sein Handeln nicht beeinflussen kann, reduziert dies die Instrumentalität. Ebenso relevant ist die subjektiv wahrgenommene Verbindlichkeit der Gewährung. Sie kann auf Grundlage einer formalen Regelung oder rein informal durch Führungskräfte erfolgen. Je verbindlicher die Verknüpfung wahrgenommen wird, desto höher ist die Instrumentalität. Sie bezieht sich damit insbesondere auf das Vorgesetztenverhalten und organisationale Regelungen.

Beispiele zur Instrumentalität

- Weitere Bemessungsgrundlagen: Erfolgt die Vergabe einer Kinderbetreuung an Organisationsmitglieder wegen limitierter Plätze im Losverfahren, wäre die Instrumentalität der Mitgliedschaft geringer als ohne ein solches Verfahren.

- Wahrgenommene Verbindlichkeit: Eine vertragliche Regelung zur Gewährung eines Kinderbetreuungszuschusses an Organisationsmitglieder wird i. d. R. deutlich verbindlicher wahrgenommen als eine vage mündliche Zusage zwischen Tür und Angel und erhöht die Instrumentalität der Mitgliedschaft. ◄

Auch die (Erfolgs-)Erwartung bezüglich des Handlungsergebnisses bestimmt die Motivation der Mitarbeiter Die subjektive (Erfolgs-)Erwartung der Mitarbeiter, ob eine Handlung zu einem bestimmten unmittelbaren Handlungsergebnis führt, spielt bei der Entstehung von Motivation ebenfalls eine große Rolle. Diese Erwartung ist überwiegend Ausfluss von Persönlichkeitsmerkmalen des Mitarbeiters. Die belohnten Handlungsergebnisse werden danach beurteilt, mit welcher Wahrscheinlichkeit sie von den Handlungen des Mitarbeiters beeinflusst werden können. Eine hohe Erfolgserwartung fördert die Motivation.

Fazit

Neben der Valenz spielt insbesondere die Instrumentalität der relevanten Handlungsergebnisse für die Gewährung der lohnsteuerbegünstigten Vergütungsbestandteile eine bedeutende Rolle für die Motivation. Eine enge Verknüpfung des in den Bemessungsgrundlagen spezifizierten Handlungsergebnisses und der Gewährung erhöht die Wirkung der Valenz auf die Motivation. Zusätzliche Bemessungsgrundlagen, die der Mitarbeiter nicht beeinflussen kann, wie auch unverbindliche Zusagen reduzieren die Instrumentalität.

▶ **Handlungsempfehlungen**
  - Wählen Sie die Bemessungsgrundlage gezielt, denn diese lenkt die Motivation und das Handeln der Mitarbeiter.
  - Integrieren Sie möglichst keine zusätzlichen Bemessungsgrundlagen, die die Mitarbeiter nicht beeinflussen können.
  - Sorgen Sie für eine hohe Verbindlichkeit der Zusage durch klare und formale Regelungen und setzen Sie diese konsequent um.
  - Wählen Sie als relevante Handlungsergebnisse nur solche, die von den Mitarbeitern durch ihr Handeln beeinflusst werden können.

Nachfolgend wollen wir die **subjektiven Gerechtigkeitswahrnehmungen** betrachten.

Die Wahrnehmung der Mitarbeiter darüber, ob die lohnsteuerbegünstigten Vergütungsbestandteile gerecht verteilt sind (Verteilungsgerechtigkeit), kann die Motivation beeinflussen Neben Valenz, Instrumentalität und (Erfolgs-) Erwartung kann sich auch die subjektive Gerechtigkeitswahrnehmung auf die Zufriedenheit der Mitarbeiter und damit auf die Motivation auswirken. Die Gerechtigkeitswahrnehmung kann als die Vorstellung des Mitarbeiters darüber verstanden werden, welche Belohnung ihm in Bezug zur erbrachten Leistung als angemessen erscheint. Die Erwartungen dazu gehen aus Vergleichen mit anderen Mitarbeitern bzw. ähnlichen Sachverhalten hervor. Diese können sich auf das eigene Unternehmen (interne Verteilungsgerechtigkeit) oder andere Unternehmen (externe Verteilungsgerechtigkeit) beziehen. Als relativ unangemessen wahrgenommene Belohnungen können adverse Effekte auf die Eintritts-, Bleibe- und/ oder Leistungsmotivation haben.

Relevant für die Beurteilung der Verteilungsgerechtigkeit sind der gewählte Kreis der begünstigten Mitarbeiter sowie die gewählte Bemessungsgrundlage Der Kreis der begünstigten Mitarbeiter wird grundsätzlich vom Unternehmen bestimmt, ist jedoch teilweise bereits über die Konstruktion des steuerbegünstigten Sachverhalts festgelegt, wie z. B. im Falle eines Kinderbetreuungszuschusses, der nur Eltern mit betreuungsbedürftigen Kindern gewährt werden kann. Über die Wahl der Bemessungsgrundlage wird ein bestimmtes Verteilungsprinzip konstituiert, wobei grundsätzlich alle drei o. g. Prinzipien in Betracht kommen.

> **Beispiele für die unterschiedlichen Prinzipien**
>
> - Nach Beitrag: Gewährung eines E-Firmenwagens ab einer bestimmten Hierarchiestufe
> - Nach Bedürftigkeit: Gewährung eines Zuschusses zu den Kinderbetreuungskosten pro betreutem Kind (unabhängig von der Hierarchiestufe)
> - Gleichheit: Gewährung einer Inflationsausgleichsprämie von 1000 € für alle Mitarbeiter (unabhängig von Hierarchiestufe und individueller Bedürftigkeit durch die Inflation) ◄

Das Prinzip der Verteilung wird von den Mitarbeitern zunächst im Kontext der Gewährung auf seine Angemessenheit beurteilt (interne Verteilungsgerechtigkeit) Stehen bei der Gewährung Leistung bzw. Produktivität im Vordergrund, werden Verteilungen nach dem Beitragsprinzip als gerecht betrachtet. Bei einer Gewährung, bei der die Verantwortung des Unternehmens für das Wohl der Mitarbeiter im Vordergrund steht, werden Verteilungen nach dem Bedürftigkeitsprinzip als gerecht empfunden. Steht die Unterhaltung guter sozialer Beziehungen im Vordergrund, werden Verteilungen nach dem Gleichheitsprinzip als gerecht empfunden.

In der Praxis ist die Verteilung nach dem Beitragsprinzip auch für steuerbegünstigte Vergütungsbestandteile weit verbreitet, weil die Mitarbeiter ja grundsätzlich in einem von Leistung und Produktivität geprägten Verhältnis stehen. So werden selbst bei Leistungen, die wie im Gesetz verankert, nach Bedürftigkeit bzw. sozialen Merkmalen verteilt werden müssen, zusätzlich noch weitere Kriterien eingeführt, die einer Verteilung nach Beitrag entsprechen, wie z. B. der Arbeitszeitfaktor.

> **Beispiele für unterschiedliche Kontexte innerhalb eines Unternehmens**
>
> - Leistung und Produktivität: Die Gewährung einer Inflationsausgleichsprämie soll Kaufkraftverluste von Mitarbeitern, die sich auf ihr Gehalt beziehen, ausgleichen. Eine Verteilung nach Beitrag, z. B. als Prozentsatz eines Monatsgehalts oder als eine um den Arbeitszeitfaktor angepasste Zahlung wird als gerecht wahrgenommen
> - Verantwortung für die einzelnen Mitarbeiter: Die Gewährung von Beihilfen im Krankheitsfall soll die Verantwortung des Unternehmens gegenüber bedürftigen Mitarbeitern widerspiegeln. Eine individuelle Verteilung nach dem Grad der Bedürftigkeit, z. B. anhand der Krankenkosten, wird als gerecht wahrgenommen
> - Gute soziale Beziehungen: Die Gewährung von Kantinenmahlzeiten, Zuwendungen anlässlich von Betriebsveranstaltungen oder (kleineren) Aufmerksamkeiten soll die sozialen Beziehungen stärken. Eine Gleichverteilung wird als gerecht wahrgenommen. ◄

Die Gerechtigkeitswahrnehmung kann auch durch entsprechende Angebote anderer Unternehmen (externe Verteilungsgerechtigkeit) beeinflusst sein Die Vergleiche, die Mitarbeiter ziehen, können sich auch auf Referenzpersonen außerhalb des Unternehmens beziehen. Die Erwartungen der Mitarbeiter, welche Belohnungen sie verdienen, resultieren somit auch aus entsprechenden Angeboten anderer Unternehmen. Vergleichen sich Mitarbeiter mit Mitarbeitern anderer Unternehmen, deren steuerbegünstigte Vergütungsbestandteile in anderem Dotierungsrahmen gewährt, an einen anderen Mitarbeiterkreis verteilt und/oder nach anderen Bemessungsrundlagen verteilt werden, können Erwartungen entstehen, die eine Wahrnehmung der Gewährung im eigenen Unternehmen als ungerecht nach sich ziehen.

In der Praxis versuchen Unternehmen Transparenz über die Angebote anderer Unternehmen im Rahmen eines spezifischen Market-Benchmarkings zu erlangen. So können sich die Unternehmen an den Dotierungsrahmen, den Kreis der Begünstigten und die Bemessungsgrundlagen der anderen Unternehmen anlehnen, um solchen Ungerechtigkeitswahrnehmungen entgegenzuwirken.

Die individuelle Wahrnehmung der Verteilungsgerechtigkeit ist subjektiv und individuell unterschiedlich Inwieweit die einzelnen Mitarbeiter die jeweilige Verteilung als gerecht wahrnehmen, hängt davon ab, welches Verteilungsprinzip sie für den gegebenen Kontext als angemessen empfinden und welche Erwartungen sie bei Anwendung des Beitragsprinzips durch Vergleiche mit Kollegen oder Mitarbeitern anderer Unternehmen entwickeln. Die Erwartungsbildung erfolgt subjektiv und kann sich für jeden Mitarbeiter unterscheiden. Es ist dann quasi unmöglich für Unternehmen, eine Verteilung zu finden, die alle Mitarbeiter gleichermaßen als gerecht wahrnehmen.

Gerechte Verteilungsverfahren stützen eine positive Gerechtigkeitswahrnehmung Eine von allen Mitarbeitern als gerecht wahrgenommenes Verteilungsergebnis zu schaffen, ist unrealistisch wegen der Subjektivität der wahrgenommenen Angemessenheit der Verteilprinzips und der vorgenommenen Vergleiche. Neben dem Verteilungsergebnis nehmen Mitarbeiter auch die Gerechtigkeit des Verteilungsverfahrens wahr. Insbesondere bei ungerecht wahrgenommener Verteilungsgerechtigkeit hat ein als gerecht wahrgenommenes Verteilungsverfahren positive Auswirkungen auf die Zufriedenheit („Fair Process Effect"). Die Wahrnehmung der Verteilungsgerechtigkeit basiert auf der Konsistenz in der Verteilung als eines der wichtigsten Kriterien. Klare Verteilungskriterien, die konsequent angewendet werden und Erklärungen ermöglichen, sind besonders relevant. Auch die Möglichkeit der Partizipation der betroffenen Mitarbeiter spielt eine große Rolle.

Fazit

Eine als ungerecht wahrgenommene Verteilung kann einen gegenläufigen Effekt auf die Motivation haben. Die Wahrnehmung der Verteilungsgerechtigkeit bezieht sich auf die Angemessenheit des gewählten Verteilungsprinzips und auf Vergleiche mit Referenzpersonen im Unternehmen oder aus anderen Unternehmen. Inwieweit Mitarbeiter das gewählte Verteilungsprinzip als angemessen erachten, hängt vom Kontext der Gewährung ab. Die Vergleiche sind in verschiedener Hinsicht subjektiv (Wahl der Referenzperson, Bewertung der Input/Output-Relation), weshalb eine von allen Mitarbeitern als gerecht wahrgenommene Verteilung nicht erzielbar erscheint. Insbesondere bei negativ wahrgenommener Verteilungsgerechtigkeit kann eine positiv wahrgenommene Verfahrensgerechtigkeit dieser entgegenwirken („Fair Process Effect"). Förderlich sind objektive Kriterien als Bemessungsgrundlagen, die Erklärungen ermöglichen und ein die Einbindung der Mitarbeiter in das Verteilverfahren, um ihnen Prozesskontrolle zu gewähren.

▶ **Handlungsempfehlungen**
- Wählen Sie das Prinzip der Verteilung entsprechend des unternehmensinternen Kontextes bzw. der Zielsetzung der Gewährung
- Führen Sie Market-Benchmarking-Analysen durch, um sich ein Bild über Dotierungsrahmen, Kreis der begünstigten Mitarbeiter und gewählte Bemessungsgrundlagen bei anderen Unternehmen zu machen
- Formulieren Sie objektive Kriterien als Bemessungsgrundlagen und grenzen Sie den Kreis der Begünstigten klar ab, um nachvollziehbare Erklärungen zu ermöglichen; Stellen Sie sich Diskussionen zu Vergleichen und liefern Sie Erklärungen zu Unterschieden
- Erheben Sie relevante Einstellungen der Mitarbeiter (Bedürfnisse); Binden Sie Mitarbeiter und/oder Arbeitnehmervertreter in die Gestaltung ein, um eine gewisse Prozesskontrolle zu ermöglichen.

Kosten und Nutzen von lohnsteuerbegünstigten Vergütungssystemen (Unternehmensperspektive)

5

> In diesem Kapitel geht es um Kosten und Nutzen von steuerbegünstigten Vergütungsbestandteilen, also um deren Effizienz, sowie um eine personalpolitische Betrachtung. Auf Basis der Grundlagen zur Vergütung wollen wir die drei Fragen aus der Unternehmensperspektive beantworten, also welche Kosten durch die Gewährung steuerbegünstigter Vergütungsbestandteile entstehen können, welchen Nutzen die Gewährung über ihre Anreizwirkungen stiften kann und inwiefern normative Haltungen des Unternehmens die Gewährung beeinflussen können.

5.1 Anreizkosten

Wir wollen nun die dritte in Abschn. 2.4 aufgeworfene Fragestellung beantworten:

- Welche Kosten können durch die Gewährung lohnsteuerbegünstigter Vergütungsbestandteile entstehen?

Das Angebot von lohnsteuerbegünstigten Vergütungsbestandteilen erhöht direkt die Personalnebenkosten je nach Inanspruchnahme durch die Mitarbeiter Die meisten steuerbegünstigten Vergütungsbestandteile zählen zu den freiwilligen Sozial- und Zusatzleistungen und damit zu den Personalnebenkosten. Bei wahlweisen Angeboten hängen die Auswirkungen auf die Kosten vom Grad der Inanspruchnahme ab. Mitarbeiter nehmen sie nur in Anspruch, wenn sie deren Bedürfnissen und persönlichen Zielen entsprechen. Auch die Bekanntheit

© Der/die Autor(en), exklusiv lizenziert an Springer Fachmedien Wiesbaden GmbH, ein Teil von Springer Nature 2025
C. Weber und N. Meyer, *Die Gestaltung von lohnsteuerbegünstigten Vergütungsbestandteilen*, essentials,
https://doi.org/10.1007/978-3-658-50289-8_5

beeinflusst die Inanspruchnahme, die bei Implementierung regelmäßig gering ist und über die Jahre ansteigt.

In der Praxis sind die meisten Sachleistungen und zweckgebundenen Geldleistungen als wahlweise Angebote konzipiert. Bei der bAV gibt es oftmals Abwahlrechte (Opt-Out).

Ein Zusätzlichkeitserfordernis schließt eine (Brutto-)Entgeltumwandlung aus Für die meisten steuerbegünstigten Vergütungsbestandteile besteht ein gesetzliches Zusätzlichkeitserfordernis. Eine (Brutto-)Entgeltumwandlung ist dann ausgeschlossen und wäre steuerschädlich.

Sonderfall Entgeltumwandlung bei E-Firmenwagen, Diensträdern und Job-Tickets
Nur bei wenigen Vergütungsbestandteilen ist die (Brutto-)Entgeltumwandlung steuerunschädlich möglich: u. a. bei steuerbegünstigten E-Firmenwägen (Bewertungsabschlag), Diensträdern (Steuerfreiheit) und Job-Tickets (25 % Pauschalversteuerung). Der steuerpflichtige Bruttolohn wird um den Umwandlungsbetrag gemindert, der in den steuerbegünstigten Vergütungsbestandteil, fließt.

Bei Bruttoentgeltumwandlung (Ausnahme: Pauschalversteuerung nach § 37b EStG 2025) kann der Arbeitgeber durch Entgeltumwandlung Arbeitgeber-Sozialversicherungsbeiträge sparen.

Personalnebenkostensteigerungen durch Zusätzlichkeitserfordernis können durch Einsparungen bei freiwilligen Gehaltsmehrungen gegenfinanziert werden Das Zusätzlichkeitserfordernis bezieht sich auf den ohnehin geschuldeten Arbeitslohn. Eine Anrechnung und ein Verzicht auf bestehende Ansprüche sowie eine Gewährung anstelle bereits vereinbarter künftiger Erhöhungen ist ausgeschlossen (§ 8 Abs. 4 EStG 2025). Bei freiwilligen Erhöhungen kann die Gewährung jedoch anstelle der Gehaltsmehrung erfolgen oder diese teilweise substituieren. Da regelmäßige Gehaltsmehrungen angesichts kontinuierlicher Preissteigerungen für die Wettbewerbsfähigkeit notwendig sind, dämpft eine Verknüpfung von freiwilliger Gehaltsmehrung und Gewährung steuerbegünstigten Vergütungsbestandteilen die Personalkostenwirkungen. Die prozessuale Gestaltung hängt von der Ausgestaltung des Gehaltsmehrungsprozesses (individuell vs. kollektiv) und den Spezifika des Vergütungsbestandteils ab. Tarifliche Lohnsteigerungen kommen für eine Gegenfinanzierung nicht in Betracht, da diese bei Wegfall des steuerbegünstigten Vergütungsbestandteils wiederaufleben würden.

Auch andere freiwillige Sozial- und Zusatzleistungen können zur Gegenfinanzierung dienen, solange Mitarbeiter noch keinen Anspruch darauf erworben haben. Je nach Rechtsgrundlage müssen diese entsprechend gekündigt oder einvernehmlich abgelöst werden. Eine rechtliche Prüfung und verbindliche Auskunft (§ 89 Abs. 2 AO 1977) sind bei Gegenfinanzierungen ratsam.

Bei lohnsteuerfreien Vergütungsbestandteilen entfallen die Arbeitgeber-Sozialversicherungsbeiträge Lohnsteuerfreie und lohnsteuerpauschalierte Vergütungsbestandteile zählen meist nicht zum Arbeitsentgelt und sind sozialabgabenfrei (Ausnahmen: SuEV und LDfV; Hausen 2025). Die Arbeitgeberbeiträge zu den gesetzlichen Sozialversicherungen, die auch zu den Personalnebenkosten zählen, entfallen. Relevant sind Freibeträge und Freigrenzen für die Lohnsteuerbefreiung. Bei Überschreitung besteht Lohnsteuerpflicht und die Sozialabgabenbefreiung entfällt: bei Freibeträgen nur für den überschreitenden Teil, bei Freigrenzen für den gesamten Betrag. Sollte das Einkommen des Mitarbeiters oberhalb der Beitragsbemessungsgrenze(n) der Sozialversicherung liegen, sind ohnehin keine Beiträge fällig.

Risiko Nachverbeitragung und Nachversteuerung

Die Lohnsteuerbefreiung ist an strikte rechtliche Bedingungen geknüpft, wie Nachweispflichten beim Kinderbetreuungszuschuss oder Zertifizierungen bei Gesundheitsmaßnahmen. Auch die Einhaltung der 50-Euro-Freigrenze bei korrekter Anwendung komplexer Bewertungsvorschriften für Sachbezüge zählt dazu. Bei fehlerhafter Erklärung von Lohnsteuerfreiheit entstehen nachträglich Lohnsteuerforderungen und Nachverbeitragungspflichten für Arbeitnehmer und Arbeitgeber, die i. d. R. das Unternehmen wegen des Verschuldens übernimmt, weshalb dabei weitere Lohnsteuern und Sozialversicherungsbeiträge hinzukommen, weil die Übernahme als geldwerter Vorteil zu versteuern und zu verbeitragen ist (Ennemoser 2025).

Neben den Personalnebenkosten entstehen Struktur- bzw. Systemkosten Die Struktur- und Systemkosten, die ebenfalls zu den indirekten Personalnebenkosten gehören, umfassen:

- einmalige Implementierungskosten, u. a. für Abstimmungen mit anderen Funktionen und Arbeitnehmervertretern, HR-Prozessanpassungen (z. B. Entgeltabrechnung) und HR-IT sowie Kommunikationskampagnen
- laufende Administrationskosten, u. a. für die Unterhaltung spezifischer Leistungen (z. B. E-Firmenwagenmanagement) und Software zur rechtskonformen Meldung

- laufende Kommunikations- und Betreuungskosten für Mitarbeiterinformation (Intranet, Homepage, Auskünfte)
- weitere (einmalige) Anpassungskosten bei Systemanpassungen aufgrund rechtlicher Änderungen

Die Kostenhöhe korreliert mit der Gestaltungskomplexität bezüglich Bemessungsgrundlagen, Belohnungsfunktion und des Kreises der begünstigten Mitarbeiter. Komplexe Systeme ermöglichen zwar zielkonformere Verhaltenssteuerung und höhere Gerechtigkeitswahrnehmung, verursachen aber höhere Kosten. Anpassungskosten sind durch regelmäßige Rechtsänderungen (Jahressteuergesetze) unvermeidbar. Relativ niedrige Struktur- und Systemkosten entstehen bei Geldleistungen, wie Erholungsbeihilfen und Fahrtkostenzuschüssen, sowie der privaten IT-Nutzung inklusive Verbindungsentgelten, hohe bei E-Firmenwagen und Diensträdern.

Eine Externalisierung über spezialisierte Dienstleister kann die Struktur- bzw. Systemkosten senken Implementierung und Administration können an externe Dienstleister vergeben werden. Spezialisierte HR-Dienstleister, wie Bonago/ValueNet oder EdenRed, bieten passgenaue Lösungen und begleiten bereits Analyse sowie Bewertung und Entscheidung. Die Vorteilhaftigkeit muss einzelfallbezogen geprüft werden.

Die Relevanz der Personalkosten unterscheidet sich je nach Wettbewerbs- und Personalstrategie Zur Rolle von Kosten bei unterschiedlichen Strategien wird auf Abschn. 5.3 verwiesen. Bei einer Kostenführerschaftsstrategie müssen Personalkosten unter denen der Wettbewerber liegen, die Wirtschaftlichkeit der Vergütungssysteme steht im Vordergrund. Zusätzliche steuerbegünstigte Vergütungsbestandteile sind hier kontraproduktiv. Stattdessen bieten sich Entgeltumwandlungen oder vollständige Gegenfinanzierungen über zukünftige noch nicht vereinbarte Gehaltsmehrungen an, insbesondere dann, wenn dadurch Arbeitgeber-Sozialversicherungsbeiträge eingespart werden.

Fazit

Die Einführung lohnsteuerbegünstigter Vergütungsbestandteile führt i. d. R. und in Abhängigkeit der Inanspruchnahme zu höheren Personalkosten. Das oft bestehende Zusätzlichkeitserfordernis lässt nur selten Gehaltsumwandlungen zu. Gegenfinanzierungen mit zukünftigen, noch nicht vereinbarten Gehaltsmehrungen können Kostensteigerungen dämpfen, deren rechtliche Zulässigkeit muss jedoch im Einzelfall geprüft werden. Zusätzliche Struktur- und System-kosten ergänzen die Personalnebenkostensteigerungen und können erheblich sein. Die Externalisierung an spezialisierte Serviceanbieter kann vorteilhaft sein. Kostensteigerungen müssen strategisch im Kontext der Personalstrategie betrachtet werden.

> **Handlungsempfehlungen**
> - Nehmen Sie eine Gesamtvergütungsperspektive ein und führen Sie steuerbegünstigte Vergütungsbestandteile im Zuge und anstelle von freiwilligen, noch nicht vereinbarten Gehaltsmehrungen ein
> - Prüfen Sie die (steuerunschädlichen) Möglichkeiten zur Gehalts-umwandlung
> - Konsultieren Sie einen Steuerrechtsexperten und holen Sie vor Implementierung eine Anrufungsauskunft bei der zuständigen Steuerbehörde ein
> - Priorisieren Sie steuerbegünstigte Vergütungsbestandteile mit re-lativ geringen Struktur- und Systemkosten pro begünstigtem Mit-arbeiter
> - Schätzen Sie alle entstehenden Kosten, insbesondere auch die Struktur- und Systemkosten, um eine solide Entscheidungsbasis zu erhalten Evaluieren Sie, inwiefern die geschätzten Kosten-wirkungen zur Wettbewerbs- und Personalstrategie Ihres Unter-nehmens passen
> - Prüfen Sie, ob eine Implementierung und laufende Administration durch einen spezialisierten externen HR-Dienstleister vorteilhafter ist

5.2   Möglicher Nutzen der Anreizwirkungen

Im Weiteren wollen wir die vierte in Abschn. 2.4 aufgeworfene Fragestellung be-antworten:

- Welchen Nutzen kann die Gewährung lohnsteuerbegünstigter Vergütungs-bestandteile über ihre Anreizwirkungen stiften?

Lohnsteuerbegünstigte Vergütungsbestandteile können einen Anreiz kons-tituieren oder verstärken Das Angebot von steuerbegünstigten Vergütungs-bestandteilen ist als Teil eines Anreiz- und Vergütungssystems zu verstehen. Es stellt eine Belohnung und damit einen Anreiz für ein bestimmtes erwünschtes

Verhalten dar, welches durch die gewählte Bemessungsgrundlage des Vergütungssystems ersichtlich wird. Wie in Abschn. 4.3 gezeigt, kann sich eine Lohnsteuerbegünstigung anreizverstärkend auswirken. Diese Wirkung hängt von verschiedenen Faktoren ab, wie der Haltung der Mitarbeiter gegenüber der Lohnsteuer, der individuellen Steuersituation, der subjektiven Valenz eines spezifischen Vergütungsbestandteils, der Instrumentalität der eigenen Handlung für die Gewährung und Gerechtigkeitswahrnehmungen.

Zu den positiven, nützlichen Anreizwirkungen zählen eine höhere Mitarbeiterbindung, eine größere Arbeitgeberattraktivität und ein stärker motiviertes spezifisches Arbeitsverhalten Wenn die Mitgliedschaft im Unternehmen die einzige Bemessungsgrundlage darstellt, stellen steuerbegünstigte Vergütungsbestandteile vornehmlich einen Anreiz zum Eintritt und Verbleib im Unternehmen dar und wirken damit auf Mitarbeiterbindung und Arbeitgeberattraktivität. Insbesondere auf wettbewerbsintensiven Arbeitsmärkten kann das umfassende Angebot von steuerbegünstigten Vergütungsbestandteilen als starkes Signal für eine strategische Mitarbeiterorientierung des Unternehmens und ggf. sogar als Alleinstellungsmerkmal dienen. Der Nutzen einer hohen Arbeitgeberattraktivität liegt vor allem in einer höheren Quantität und Qualität der Bewerbungen sowie höheren Angebotszusagen der Bewerber. Der Nutzen einer hohen Mitarbeiterbindung liegt im systematischen Aufbau und Erhalt von Fähigkeiten und Kompetenzen sowie in geringeren Rekrutierungskosten. Einige steuerbegünstigte Vergütungsbestandteile sind wegen ihres langfristigen Charakters besonders dazu geeignet, Eintritts- und Bleibeverhalten zu fördern. Dazu zählen insbesondere bAV und Vermögensbeteiligungen, mitunter auch mehrjährige Überlassungen von E-Firmenwägen und Diensträdern sowie Dienstwohnungen.

Wird als Bemessungsgrundlage ein bestimmtes Handlungsergebnis, z. B. eine Leistung, gewählt, richtet dies das Arbeitsverhalten spezifisch aus und beeinflusst die Motivation für entsprechende Handlungen. Der Nutzen eines zielgerichteten Leistungsverhaltens liegt vor allem in einer größeren Arbeitsproduktivität, bei spezifischen Bemessungsgrundlagen wie dem Abschluss einer Weiterbildung auch im gezielten Kompetenzaufbau. Einige steuerbegünstigte Vergütungsbestandteile sind besonders dazu geeignet, Leistungsverhalten zu fördern: lohnsteuerfreie geringfügige Sachleistungen oder lohnsteuerpauschalierte Geschenke und Incentives als unmittelbares Dankeschön oder Zeichen der Wertschätzung.

Durch eine Beschränkung des Kreises der begünstigten Mitarbeiter können diese Anreizwirkungen zielgruppenspezifisch erfolgen, wie z. B. bei einem Angebot eines E-Firmenwagens nur für Führungskräfte.

Bei lohnsteuerfreien Maßnahmen der betrieblichen Gesundheitsförderung sind auch die Verbesserung der physischen und psychischen Gesundheit nützliche Anreizwirkungen Zu den lohnsteuerfreien Maßnahmen der betrieblichen Gesundheitsförderung zählen Bewegungsangebote wie Rückenschule oder Yoga sowie Kurse zur Stressvermeidung oder Ernährungsberatung. Sie dienen unmittelbar der Stärkung der eigenen Ressourcen und damit der Verbesserung der Gesundheit. Der Nutzen verbesserter Gesundheit liegt vor allem in niedrigeren Ausfallkosten und sonstigen arbeitsbezogenen Beeinträchtigungen wegen Krankheit. Gesunde, widerstandsfähige Mitarbeiter zeigen auch höheres Engagement und höhere Motivation.

Die Relevanz von Mitarbeiterbindung, Arbeitgeberattraktivität und Leistungsmotivation unterscheidet sich je nach Wettbewerbs- und Personalstrategie Die Personalstrategie ist Teil der Unternehmensstrategie zur Erreichung von Wettbewerbsvorteilen bei der Erreichung der Unternehmensziele. In einem ressourcenbasierten Ansatz (siehe Barney 1995), bei dem der Mitarbeiter als wertvolle, rare, einzigartige und organisational unterstützte Ressource den Wettbewerbsvorteil konstituiert, sind hohe Mitarbeiterbindung, Arbeitgeberattraktivität und Mitarbeiterengagement strategisch besonders wichtig. Bei einem marktbasierten Ansatz (siehe M. E. Porter 1980) hängen die strategische Rolle der Mitarbeiter und entsprechende Anforderungen von der gewählten spezifischen Marktstrategie ab: Wettbewerbsvorteile über Kosten- bzw. Qualitätsführerschaft oder über Differenzierung durch Innovation. Bei angestrebter Kostenführerschaft sind niedrige Personalkosten vorrangig, nicht Mitarbeiterbindung und Arbeitgeberattraktivität.

Anhand einer entsprechenden HR-Architektur werden die Personalmanagementinstrumente auf die gewählte Personalstrategie konsistent ausgerichtet. Das Angebot und die Gestaltung von lohnsteuebegünstigten Vergütungsbestandteilen muss sich dann an der jeweiligen HR-Architektur ausrichten, um im Verbund mit den anderen Personalmanagementinstrumenten das Erreichen der Unternehmensziele wirkungsvoll zu unterstützen und nicht entgegenzuwirken.

Personalstrategien sind meist nach Mitarbeitergruppen differenziert und tragen der unterschiedlichen strategischen Bedeutung verschiedener Mitarbeitergruppen Rechnung (siehe Abschn. 2.3). Dementsprechend sind auch steuerbegünstigte Vergütungsbestandteile hinsichtlich des Kreises der Begünstigten im Sinne einer hohen Integration entsprechend zu differenzieren.

Lohnsteuerbegünstigte Vergütungsbestandteile können auch adverse Anreizwirkungen besitzen Vor allem sind hierunter die adversen Anreizwirkungen einer als ungerecht wahrgenommene Verteilung von steuerbegünstigten Vergütungsbestandteilen zu nennen: Fluktuation, Demotivation, im Extremen sogar zu Beschwerden oder schädigendem Verhalten (Gerhart et al. 2022). Die Gerechtigkeitswahrnehmung beschränkt sich nicht auf die Begünstigten. Gerade auch ausgeschlossene Mitarbeiter können dies als ungerecht wahrnehmen. Von nicht vollständig informierten Bewerbern kann die Verteilung auch als Signal dafür verstanden werden, wie sie nach Eintritt behandelt werden, was die Arbeitgeberattraktivität beeinflusst (Van Den Bos und Lind 2002).

Eine unsorgfältige Implementierung mit Nachversteuerungen und Nachverbeitragungen konterkariert die positiven Anreizwirkungen der Lohnsteuerbegünstigung. Die enttäuschten Erwartungen können zu erhöhter Fluktuation führen. Auch fehlerhafte Prozessanpassungen, z. B. in der Entgeltabrechnung, können die Mitarbeiterbindung reduzieren.

> **Fazit**
>
> Lohnsteuerbegünstigte Vergütungsbestandteile können Anreize konstituieren oder verstärken. Die nützlichen Anreizwirkungen umfassen vor allem höhere Mitarbeiterbindung und Arbeitgeberattraktivität, die sich auch in der Qualität der Belegschaft niederschlagen. Auch spezifisches Leistungsverhalten kann gezielt gefördert werden, wodurch die Arbeitsproduktivität erhöht wird. Je nach erwünschter Anreizwirkung müssen die Bemessungsgrundlagen entsprechend gewählt und geeignete steuerbegünstigte Vergütungsbestandteile ausgewählt werden. Die erwünschte Anreizwirkung resultiert aus der Personalstrategie. Bei unterschiedlicher strategischer Relevanz von Mitarbeitergruppen können steuerbegünstigte Vergütungsbestandteile entsprechend differenziert werden. Neben erwünschten können auch adverse Anreizwirkungen eintreten, vor allem durch Ungerechtigkeitswahrnehmungen, die gerade auch nicht begünstigter Mitarbeiter betreffen können.

▶ **Handlungsempfehlungen**
- Identifizieren Sie die erwünschten Anreizwirkungen, indem Sie die Unternehmens- und Personalstrategie Ihres Unternehmens analysieren
- Differenzieren Sie den Kreis der Begünstigten nach strategischer Relevanz der entsprechenden Mitarbeitergruppe
- Priorisieren Sie diejenigen steuerbegünstigten Vergütungsbestandteile, die für die jeweiligen erwünschten Anreizwirkungen besonders geeignet sind

- Wählen Sie die Bemessungsgrundlage entsprechend der erwünschten Anreizwirkung
- Gestalten Sie die Verteilung und das Verteilungsverfahren gerecht, um möglichen adversen Anreizwirkungen entgegenzuwirken. Beziehen Sie dabei die gesamte Belegschaft, nicht nur die begünstigten Mitarbeiter, in Ihre Betrachtung ein

5.3   Personalpolitische Betrachtung

Abschließend wollen wir die fünfte in Abschn. 2.4 aufgeworfene Fragestellung beantworten:

- Inwiefern können normative Haltungen des Unternehmens die Gewährung lohnsteuerbegünstigter Vergütungsbestandteile beeinflussen?

Die normativen Haltungen der Personalpolitik setzen den Rahmen für die personalstrategische Gestaltung der lohnsteuerbegünstigten Vergütungsbestandteile Die normativen Haltungen eines Unternehmens sind dessen Bekundungen dazu, was als „richtig" und „angemessen" anzusehen ist. Sie finden sich in Unternehmenszielen und spiegeln Unternehmenswerte und das Unternehmensinteresse wider. Ein Unternehmen handelt im Unternehmensinteresse, wenn seine Handlungen durch die Interessen von Anspruchsgruppen wie Investoren, Mitarbeitern und Kunden legitimiert sind (Lingnau und Willenbacher 2013). Normative Haltungen unterscheiden sich von strategischen Überlegungen: Sie festigen Existenzberechtigung und Lebensfähigkeit des Unternehmens und schaffen Identität und Zusammenhalt. Sind steuerbegünstigte Vergütungsbestandteile nur strategische Mittel, sind sie grundsätzlich ersetzbar. Unternehmensziele und -werte ergeben sich durch Integration der Ansprüche verschiedener Anspruchsgruppen in einem politischen Willensbildungsprozess entsprechend der jeweiligen Machtverhältnisse, vorrangig der Eigentümerinteressen (Stoi und Dillerup 2022). Werte wie soziale Verantwortung und Nachhaltigkeit, Transparenz und Gerechtigkeit, Wertschätzung sowie Diversität betreffen das Personalmanagement, da sie den Umgang mit Mitarbeitern regeln. Diese Werte können das Angebot bestimmter steuerbegünstigter Vergütungsbestandteile legitimieren und deren Gestaltung beeinflussen („Value Fit"). Soziale Verantwortung kann ein umfassendes Angebot an bAV sowie anderen Versorgungs- und Sozialleistungen legitimieren. Gerechtigkeit, vor allem Entgeltgerechtigkeit, legitimiert transparente Verfahren und Mitbestimmung bei der Prozessgestaltung.

Das Angebot bestimmter lohnsteuerbegünstigter Vergütungsbestandteile ist personalpolitisch geboten, wenn staatliche Lenkungsinteressen sich mit Unternehmensinteressen decken Lohnsteuerbegünstigungen erfolgen meist aus politischen Lenkungsinteressen (siehe Abschn. 3.2). Entscheidend ist, ob diese mit den Unternehmensinteressen übereinstimmen. Dann wären die Lenkungsinteressen auch Teil der Personalpolitik, weshalb Einführung und Gestaltung normativ geboten wären. Die Lohnsteuerbegünstigung begünstigt dann die Verwirklichung ohnehin bestehender eigener Unternehmensinteressen. Grundsätzlich kongruente Interessen sind soziale Absicherung, soziale Fürsorge und Gesundheit der Mitarbeiter. Bei Widersprüchen zwischen Lenkungs- und Unternehmensinteressen kann ein entsprechendes Angebot negative Folgen für die Lebensfähigkeit und Identität des Unternehmens haben.

Fazit

Normative Haltungen der Personalpolitik können für Angebot und Gestaltung steuerbegünstigter Vergütungsbestandteile ausschlaggebend sein. Sie sind unternehmensspezifisch und werden von den relevanten Anspruchsgruppen entwickelt. Soziale Verantwortung bzw. Nachhaltigkeit legitimiert das Angebot vieler steuerbegünstigter Vergütungsbestandteile. Gerechtigkeit legitimiert deren entsprechende Gestaltung. Die hinter Lohnsteuerbegünstigungen stehenden staatlichen Lenkungsinteressen sind relevant für deren Angebot im Unternehmen. Bei Übereinstimmung von Lenkungs- und Unternehmensinteressen wirkt die Lohnsteuerbegünstigung wie „Rückenwind" bei der Umsetzung eigener Interessen.

▶ **Handlungsempfehlungen**
- Identifizieren Sie die relevanten normativen Haltungen der Personalpolitik Ihres Unternehmens und prüfen Sie steuerbegünstigte Vergütungsbestandteile auf ihren „Value Fit"
- Gestalten Sie steuerbegünstigte Vergütungsbestandteile im Rahmen der Personalpolitik Ihres Unternehmens, z. B. hinsichtlich Transparenz und Gerechtigkeit
- Analysieren Sie staatliche Lenkungsinteressen hinter den Lohnsteuerbegünstigungen und gleichen Sie diese mit Ihren Unternehmensinteressen ab. Priorisieren Sie Übereinstimmungen und schließen Sie Widersprüche aus

Handlungsleitfaden für Personalmanager 6

> In diesem Kapitel geht es um die systematische Anwendung der Erkenntnisse aus den vorangegangenen Kapiteln. Nachfolgend wollen wir all diese Tipps systematisch in einem Handlungsleitfaden zusammenfassen.

Dieser Handlungsleitfaden umfasst den typischen Prozess zur (strategischen) Gestaltung eines Vergütungssystems. Auf die Analysephase Abb. 6.1 folgt die Bewertungs- und Entscheidungsphase Abb. 6.2, gefolgt von der Implementierungsphase (inklusive Erfolgskontrolle) Abb. 6.3.

Der Handlungsleitfaden integriert die formulierten Tipps und ist weiter allgemein gehalten. Er enthält

- konkrete Fragen, die für die einzelnen Unternehmen beantwortet werden müssen, ebenso
- Anregungen zu notwendigen Aktivitäten, wie relevanten Erhebungen, und
- Auflistungen notwendiger Festlegungen in der Gestaltung.

C. Weber und N. Meyer, *Die Gestaltung von lohnsteuerbegünstigten Vergütungsbestandteilen*, essentials, https://doi.org/10.1007/978-3-658-50289-8_6

ANALYSEPHASE	
Erfassung und Analyse der Möglichkeiten zur Lohnsteuerbefreiung und -begünstigung	
Recherche zu den aktuellen lohnsteuerfreien und -begünstigten Vergütungsbestandteilen	• Welche Möglichkeiten der Lohnsteuerbefreiung gewährt das aktuelle Steuerrecht? • Welche Möglichkeiten für sonstige Lohnsteuerbegünstigungen, wie Bewertungsabschläge oder Pauschalversteuerung, gewährt das aktuelle Steuerrecht? • Welche Lenkungszwecke verfolgt der Staat durch die jeweilige Steuerbefreiung bzw. -begünstigung? • Welche Bedingungen, wie Zusätzlichkeitserfordernis, Freibeträge und –grenzen und oder sonstige Bedingungen sind dabei jeweils zu beachten? • Sind die Befreiungen und Begünstigungen zeitlich befristet? • Gibt es politische oder rechtliche Unsicherheiten zur dauerhaften Befreiung oder Begünstigung? • Gibt es arbeits- und tarifrechtliche Einschränkungen für deren Gewährung?
Analyse Personalpolitik und -strategie	
Personalpolitik, Unternehmenswerte und Unternehmenskultur	• Welche normativen Haltungen (Unternehmenswerte) bekundet das Unternehmen? • Inwieweit finden sich diese normativen Haltungen explizit in der Personalpolitik des Unternehmens wieder? • Welche Rolle spielen insbesondere soziale Verantwortung und (Entgelt-)Gerechtigkeit? • Welche Konsequenzen hat das für bestehende Vergütungssysteme?
Personalstrategie, strategische Handlungsnotwendigkeiten	• Welche Rolle spielen Mitarbeiter im Rahmen der Unternehmensstrategie? • Welche Differenzierungen zwischen Mitarbeitergruppen werden dabei verfolgt? • Welche Rolle spielen dabei jeweils Bleibe- und Leistungsanreize und Kostenwirkungen? • Welche Konsequenzen hat das für bestehende Vergütungssysteme? • Gibt es aktuelle strategische Handlungsnotwendigkeiten, z.B. wegen zu hoher Fluktuation oder Leistungsmängeln?
Analyse Personal / Mitarbeiter	
Mitarbeiterbefragung zur Valenz / Attraktivität von Lohnsteuerbegünstigungen und Sozialabgabenbefreiungen	• Wie hoch ist das subjektive Belastungsgefühl für die Abgabe von Lohnsteuer? • Wie hoch sind die relevanten Grenzsteuersätze der Mitarbeiter? • Wie bewerten Mitarbeiter das Verhältnis ihrer Sozialabgaben zu den korrespondierenden Sozialleistungen? • Inwiefern sind die Mitarbeiter sozialversicherungspflichtig? Liegt deren gesamtes sozialversicherungspflichtiges Arbeitsentgelt ggf. oberhalb der BBG?
Mitarbeiterbefragung zur Valenz / Attraktivität von lohnsteuerbegünstigten Leistungen	• Wie attraktiv bewerten Mitarbeiter die jeweiligen (lohnsteuerbegünstigten) Sachleistungen? • Wie attraktiv bewerten Mitarbeiter die jeweiligen (lohnsteuerbegünstigten) Versorgungsleistungen? • Wie attraktiv bewerten Mitarbeiter die jeweiligen (lohnsteuerbegünstigten) zweckgebundenen Geldleistungen?
Mitarbeiterbefragung zur Gerechtigkeit (optional)	• Welches Verteilungsprinzip erachten Mitarbeiter als angemessen für die Verteilung des jeweiligen (lohnsteuerbegünstigten) Vergütungsbestandteils? • Welche (internen und externen) Vergleiche ziehen Mitarbeiter bei einer Verteilung nach dem Beitragsprinzip?
Analyse Wettbewerb im Arbeitsmarkt	
Vergütungsstudie zum Angebot von lohnsteuerbegünstigten Leistungen im Markt	• Welche Wettbewerber bieten lohnsteuerbegünstigte Vergütungsbestandteile an? • Für welche Mitarbeitergruppen werden diese jeweils angeboten? • In welcher Höhe werden diese jeweils angeboten? • In welcher Form werden diese jeweils angeboten (als Geld- oder Sachleistung)? • Besteht für die jeweiligen lohnsteuerbegünstigte Vergütungsbestandteile die Möglichkeit der Differenzierung auf dem Arbeitsmarkt oder sogar ein Zwang, weil sonst Wettbewerbsnachteile drohen? • Welche Bemessungsgrundlagen haben die Wettbewerber jeweils gewählt?

Abb. 6.1 Analysephase. (Eigene Darstellung)

BEWERTUNGS- UND ENTSCHEIDUNGSPHASE	
Bewertung und Entscheidung auf Basis der Analysen	
Bewertung des Beitrags zu den Unternehmenszielen (Unternehmensperspektive)	• Inwiefern sind die Lenkungszwecke des Staates vereinbar mit der Personalpolitik des Unternehmens? • Welcher Nutzen kann aus den Anreizwirkungen (Eintritt-, Bleibe-, Leistungsanreiz) des jeweiligen lohnsteuerbegünstigten Vergütungsbestandteils gewonnen werden? Wie sind die Anreizwirkungen personalstrategisch zu bewerten? • Welche einmaligen und wiederkehrenden Anreizkosten (inkl. Struktur- und Systemkosten) entstehen durch den jeweiligen lohnsteuerbegünstigten Vergütungsbestandteil? Wie sind die Anreizkosten personalstrategisch zu bewerten?
Bewertung der Attraktivität (Mitarbeiterperspektive)	• Haben die Mitarbeiter ein ausreichend hohes Belastungsgefühl durch die lohnsteuerliche Abgabe? Wird dieses Belastungsgefühl ggf. ergänzt durch eine empfundene Sozialabgabenbelastung? • Schätzen die Mitarbeiter die Attraktivität des jeweiligen lohnsteuerbegünstigten Vergütungsbestandteils als (ausreichend) hoch ein (bei Sachleistungen, Versorgungsleistungen und zweckgebundenen Geldleistungen)? • Mit welcher Inanspruchnahme ist jeweils zu rechnen?
Strategische Gestaltung	• Festlegung des begünstigten Mitarbeitergruppen • Festlegung der Höhe (Dotierungsrahmen) und Form • Festlegung der Bemessungsgrundlagen, um erwünschte Anreizwirkungen zu erzielen (z.B. Mitarbeiterbindung) und eine gerechte Verteilung zu erziehen

Business Case: Nutzen- und Kostenberechnung	• Projektion des möglichen Nutzens:
	  • Erhöhung von Mitarbeiterbindung und Arbeitgeberattraktivität, dadurch Senkung von Rekrutierungskosten
	  • Erhöhung von (Leistungs-)Motivation, Engagement, Produktivität
	  • Verbesserung der Gesundheit, dadurch Senkung der Ausfallkosten
	• Projektion der Anreizkosten:
	  • Laufende Personalnebenkosten
	  • Laufende Struktur- und Systemkosten (Administration, HR IT)
	  • Einmalige Implementierungskosten (Projektmgt., HR IT, Kommunikation)

Abb. 6.2   Bewertungs- und Entscheidungsphase. (Eigene Darstellung)

IMPLEMENTIERUNGSPHASE (INKL. ERFOLGSKONTROLLE)	
Gestaltung und Implementierung	
Implementierung	• Welche rechtlichen Regelungen (insbesondere im Arbeits- und Tarifrecht) sind zu beachten? • Wie soll die Einbindung der Mitarbeiter bei der Gestaltung erfolgen, um eine gewisse Prozesskontrolle und damit Verfahrensgerechtigkeit zu erreichen? Gibt es eine betriebsverfassungsrechtliche Notwendigkeit zur Mitbestimmung? • Wie kann eine formale, (rechts-)verbindliche Regelung getroffen werden? • Welche HR Prozesse und HR IT Systeme sind anzupassen? • Welche Prozesse und Systeme aus anderen Funktionen (insbesondere Finanzen) sind anzupassen? • Welche Zielgruppen sollen mit welchen Kernbotschaften in einem informiert werden (Kommunikationskonzept)?
Erfolgskontrolle	• Festlegung von KPIs zur Erfolgskontrolle anhand des erwünschten Nutzens und der relevanten Kosten • Regelmäßige Erhebung dieser KPI • Regelmäßige Bewertung (alle 5 Jahre) und Entscheidung zur Weiterführung

Abb. 6.3   Implementierungsphase. (Eigene Darstellung)

Schlussbetrachtung 7

Abschließend erfahren Sie noch einmal zusammengefasst, was die wichtigsten Erkenntnisse aus diesem *essential* sind.

Wir freuen uns, Ihnen ein paar wissenschaftliche Überlegungen und Schlussfolgerungen an die Hand geben zu können, die Sie dabei unterstützen, zu analysieren sowie zu bewerten und zu entscheiden, ob und inwiefern lohnsteuerbegünstigte Vergütungsbestandteile für ihr Unternehmen einen Mehrwert bedeuten.

Bitte verstehen Sie diesen Beitrag mit seinen zahlreichen Tipps und dem Handlungsleitfaden als erste Annäherung an das Thema. Die Möglichkeiten der Steuerbegünstigung sind streng gesetzlich geregelt, weshalb Sie im Einzelfall das Vorliegen aller Voraussetzungen individuell sorgfältig prüfen oder von einem Steuerexperten prüfen lassen sollten. Der Beitrag liefert erste Überlegungen, ersetzt aber keine individuelle steuerliche Prüfung.

C. Weber und N. Meyer, *Die Gestaltung von lohnsteuerbegünstigten Vergütungsbestandteilen*, essentials, https://doi.org/10.1007/978-3-658-50289-8_7

Was Sie aus diesem *essential* mitnehmen können

- Eine Lohnsteuerbefreiung und mit Abstrichen die weiteren Möglichkeiten einer Lohnsteuerbegünstigung werden i. d. R. von Mitarbeitern als attraktiv wahrgenommen und können einen Anreiz konstituieren oder verstärken
- Grundlegend dafür, ob ein bestimmter steuerbegünstigter Vergütungsbestandteil Anreizcharakter hat, ist jedoch, ob die zugrunde liegende Leistung als attraktiv wahrgenommen wird. Die Attraktivität der Lohnsteuerbegünstigung an sich ist nachrangig.
- Die motivierende Wirkung hängt daneben noch von weiteren Faktoren ab, die grundsätzlich bei der Gestaltung von Vergütung zu berücksichtigen sind, wie den subjektiven Erwartungen und Gerechtigkeitswahrnehmungen der Mitarbeiter.
- Die Einführung von steuerbegünstigten Vergütungsbestandteilen führt i. d. R. zu Mehrkosten, teilweise können diese wegen hoher Struktur- und Systemkosten erheblich sein. Inwieweit diese vertretbar sind, muss im Verhältnis zu ihrem Nutzen und in Anbetracht von Personalpolitik und -strategie des Unternehmens bewertet werden.
- Steuerbegünstigte Vergütungsbestandteile versprechen viele verschiedene Nutzen, insbesondere eine höhere Arbeitgeberattraktivität und stärkere Mitarbeiterbindung. Die Anreizwirkungen müssen jedoch auch vor dem Hintergrund von Personalpolitik und -strategie des Unternehmens bewertet werden.

Literatur

Abegglen, C., & Bleicher, K. (2021). *Das Konzept Integriertes Management: Visionen – Missionen – Programme* (10., vollst. aktual. u. erw. Aufl.). Campus Verlag.

Adams, J. S. (1965). Inequity In Social Exchange. In L. Berkowitz (Hrsg.), *Advances in Experimental Social Psychology* (Bd. 2, S. 267–299). Academic Press.

Alderfer, C. P. (1972). Existence, relatedness, and growth: Human needs in organizational settings. *Free Press*.

AO (1977). https://www.gesetze-im-internet.de/ao_1977/.

Barney, J. B. (1995). Looking inside for competitive advantage. *Academy of Management Perspectives, 9*(4), 49–61.

Berthel, J., & Becker, F. G. (2025). *Personal-Management: Grundzüge für Konzeptionen betrieblicher Personalarbeit* (13. Aufl.). Schäffer-Poeschel.

BGB (2025). https://www.gesetze-im-internet.de/bgb/.

Birk, D., Desens, M., & Tappe, H. (2024). *Steuerrecht* (27., neu bearbeitete Auflage). C.F. Müller.

Bonago Incentive Marketing Group GmbH. (2024). *Belohnungsstudie 24: HR-Studie zu Employer Branding, Mitarbeiterbindung und Motivation.*

Brucker, M., & Dörflinger, N. (2022). *Steuernkompakt Einkommensteuer: Für Onboarding – Schnelleinstieg – Fortbildung* (1. Auflage 2022). Schäffer-Poeschel Verlag für Wirtschaft Steuern Recht GmbH.

Bundesministerium der Finanzen. (2020, Februar 5). *Gewährung von Zusatzleistungen und Zulässigkeit von Gehaltsumwandlungen; Anwendung des BFH-Urteils vom 1. August 2019 – VI R 32/18 – (BStBl 2020 II S. 106).*

Bundesministerium der Finanzen. (2021). *28. Subventionsbericht des Bundes 2019—2022* (No. 28).

Bundesministerium der Finanzen. (2022, März 15). *Abgrenzung zwischen Geldleistung und Sachbezug.*

Cropanzano, R. (Hrsg.). (1993). *Justice in the workplace: Approaching fairness in human resource management.* (Bd. 2). Lawrence Erlbaum Associates.

Deutsch, M. (1975). Equity, Equality, and Need: What Determines Which Value Will Be Used as the Basis of Distributive Justice? *Journal of Social Issues, 31*(3), 137–149.

C. Weber und N. Meyer, *Die Gestaltung von lohnsteuerbegünstigten Vergütungsbestandteilen,* essentials, https://doi.org/10.1007/978-3-658-50289-8

Deutscher Bundestag. (2019, November 6). *Deutscher Bundestag: Beschlussempfehlung des Finanzausschusses (7. Ausschuss)*. Bundesanzeiger Verlag GmbH.

Ennemoser, B. (2025, Juni 18). *Gehaltsextras – oft gelobt und vielfach verteufelt*. Haufe.

EStG (2025). https://www.gesetze-im-internet.de/estg/.

Gerhart, B. A., Newman, J., & Milkovich, G. (2022). *Compensation* (Fourteenth edition). McGraw Hill.

Gmür, M., & Thommen, J.-P. (2019). *Human Resource Management: Strategien und Instrumente für Führungskräfte und das Personalmanagement* (Bd. 2). Versus Verlag.

Greenberg, J. (1996). *The quest for justice on the job: Essays and experiments*. Sage Publications.

Hansmeyer, K.-H., & Schmölders, G. (1980). *Allgemeine Steuerlehre* (5. Aufl.). Duncker & Humblot.

Haufe Online Redaktion. (2022, Februar 14). *Zusätzlichkeitserfordernis für Arbeitgeberleistungen*. Haufe.

Haufe Online Redaktion. (2025, Juli 14). *Bundesregierung plant Steuererleichterungen im Personalbereich*. Haufe.

Hausen, C. (2025). *Crashkurs Lohn und Gehalt: Grundlagen der Lohnabrechnung, Sozialversicherung und Lohnsteuer* (5. Aufl.). Haufe.

Heckhausen, H. (1977). Achievement motivation and its constructs: A cognitive model. *Motivation and Emotion, 1*(4), 283–329.

Heckhausen, H., & Rheinberg, F. (1980). Lernmotivation im Unterricht, erneut betrachtet. *Unterrichtswissenschaft, 8*(1), 7–47.

Heckhausen, J., & Heckhausen, H. (Hrsg.). (2025). *Motivation und Handeln* (6. Auflage). Springer Berlin.

Hey, J. (2021). Arten und Rechtfertigung von Steuervergünstigungen. In K. Tipke & J. Lang, *Steuerrecht* (Bd. 24, S. 1329–1342). Otto Schmidt.

Jensen, M. C., & Meckling, W. H. (1976). Theory of the Firm: Managerial Behavior, Agency Costs and Ownership Structure. *SSRN Electronic Journal*.

Kossbiel, H. (1994). Überlegungen zur Effizienz betrieblicher Anreizsysteme. *Die Betriebswirtschaft, 54*(1), 75–93.

Lebrenz, C. (2020). *Strategie und Personalmanagement: Konzepte und Instrumente zur Umsetzung im Unternehmen* (2. Auflage). Springer Gabler.

Leventhal, G. S. (1980). What Should Be Done with Equity Theory? In K. J. Gergen, M. S. Greenberg, & R. H. Willis (Hrsg.), *Social Exchange* (S. 27–55). Springer US. h

Lind, E. A., & Tyler, T. R. (1988). *The Social Psychology of Procedural Justice*. Springer US.

Lingnau, V., & Willenbacher, P. (2013). *Die Rolle des Controllings bei der Gestaltung von Anreizsystemen* (Research Report No. 24; Beiträge zur Controlling-Forschung). Technische Universität Kaiserslautern, Lehrstuhl für Unternehmensrechnung und Controlling.

LStDV (2025). https://www.gesetze-im-internet.de/lstdv/.

LStH (2025). https://lsth.bundesfinanzministerium.de/lsth/2025/home.html.

LStR (2025). https://lsth.bundesfinanzministerium.de/lsth/2025/home.html.

Martocchio, J. J. (2017). *Strategic compensation: A human resource management approach* (Ninth edition). Pearson.

Maslow, A. H., Frager, R., & Fadiman, J. (1987). *Motivation and personality* (3rd ed). Harper and Row.

McClelland, D. C. (1975). *Power: The inner experience*. Irvington Publishers.

Newman, N., Ross Arguedas, A., Robertson, C. T., Nielsen, R. K., & Fletcher, R. (2025). *Reuters Insitute digital news report 2025*. Reuters Institute for the Study of Journalism.

Porter, L. W., & Lawler, E. E. (1968). *Managerial Attitudes and Performance*. Homewood R. D. Irwin.

Porter, M. E. (1980). *Competitive strategy: Techniques for analyzing industries and competitors*. Free press.

Rheinberg, F., & Vollmeyer, R. (2018). *Motivation* (9., erweiterte und überarbeitete Auflage). Verlag W. Kohlhammer.

Robbins, S. P., & Judge, T. A. (2023). *Organizational behavior* (19th edition, global edition). Pearson.

Schmölders, G. (1970). *Finanz- und Steuerpsychologie: Das Irrationale in der öffentlichen Finanzwirtschaft*. Rowohlt.

SGB IV (2025). https://www.gesetze-im-internet.de/sgb_4/.

SolZG (1995). https://www.gesetze-im-internet.de/solzg_1995/.

Staehle, W. H. (with Conrad, P., & Sydow, J.). (2014). *Management: Eine verhaltenswissenschaftliche Perspektive* (8th ed). Franz Vahlen.

Steiner, E., & Landes, M. (2017). *Leistungsorientierte Vergütung: Anreizsysteme wirkungsvoll gestalten* (1. Auflage). Haufe-Lexware GmbH & Co. KG.

Steinmann, H., & Löhr, A. (1992). *Grundlagen der Unternehmensethik*. C.E. Poeschel.

Stobbe, T. (with Hamacher, K.). (2024). *Steuern kompakt: 2024/25* (18., wesentlich überarbeitete und erweiterte Auflage, Rechtsstand: 1.8.2024). SteuernRep Verlag.

Stoi, R., & Dillerup, R. (2022). *Unternehmensführung: Erfolgreich durch modernes Management & Leadership: Methoden, Umsetzung, Trends* (6., komplett überarbeitete und erweiterte Auflage). Verlag Franz Vahlen.

Van Den Bos, K., & Lind, E. A. (2002). Uncertainty management by means of fairness judgments. In *Advances in Experimental Social Psychology* (Bd. 34, S. 1–60). Elsevier.

Vroom, V. H. (1964). *Work and motivation*. Wiley.

Wagner, D. (2004). Cafeteria-Systeme. In E. Gaugler, W. A. Oechsler, & W. Weber (Hrsg.), *Handwörterbuch des Personalwesens* (3., überarb. u. erg. Aufl.,). Schäffer-Poeschel.